ANDREAS MALESSA

Mann!

Zwischen Statusverlust

Bin ich

und neuer Freiheit

jetzt alt?!

adeo

Inhalt

Bevorwörter

Versaute Witze heißen „Altherrenwitze", langweilige Talk-shows „Altherrenrunde", schlechte Fußballmannschaften sind eine „Altherrenriege" und Schmiergelder werden in korrupten Runden am „Altherrenstammtisch" verabredet.

Die „Herrenhandtasche" am Handgelenk und das „Herrengedeck" in der Eckkneipe sind noch nicht so antiquarisch wie der „Herrenreiter" in Omas Fotoalbum und die „Herrentorte" auf ihrem Kaffeetisch, aber der klassische Strandliegen-Reservierer in Karikaturen und Humorbüchern ist immer noch ein Mann. Mindestens 55 plus, mit Anglerhütchen in den Nationalfarben, Bierwampe, arthritischen Knien und weißen Frotteesocken in Sandalen.

Enthielte unser Sprachgebrauch ähnlich viel Geringschätzung für die *Frau* ab 55 – es würde Gleichstellungsbeauftragte und Genderforscherinnen in noch mehr Lohn und Brot bringen. Der Begriff „Altweibersommer" gleicht den Sprachspott ja nicht aus, denn er – also eigentlich sie – ist eine der schönsten Jahreszeiten. Mildes Septemberlicht, klare Luft, warme, aber nicht heiße Tage.

Seit 2011 der damals 62-jährige ehemalige Präsidentschafts-kandidat Frankreichs und Direktor des Internationalen Wäh-rungsfonds IWF, Dominique Strauss-Kahn, vor laufenden Ka-meras verhaftet wurde wegen versuchter Vergewaltigung; seit 2018 Filmproduzent Harvey Weinstein, 67, von insgesamt 80 Frauen der sexuellen Belästigung beschuldigt wurde, die weltweite #MeToo-Bewegung ausgelöst hatte und man ihn im Februar 2020 zu 23 Jahren Gefängnis verurteilte; seit US-Präsident Donald Trump, 75, mit rassistischen und sexistischen Sprüchen, offenkundigen Lügen und haarsträubenden Fehl-entscheidungen sein Land an den Rand eines Bürgerkriegs und die Welt in einen Wirtschaftskrieg bugsierte – seitdem stehen „alte weiße Männer" in der öffentlichen Wahrnehmung unter Generalverdacht. Die sind nicht lächerlich, die sind gefährlich, sagt der Argwohn. In Machtpositionen sogar brandgefährlich.

Rund 40 Millionen Deutsche sind männlich. Am 31.12.2019 waren 26,2 % von ihnen älter als 60. Alle Nichtmächtigen, Nichtreichen und Nichtnotgeilen unter ihnen – was brauchen die jetzt?

Als Hörfunkjournalist für ARD-Sender und Buchautor werde ich oft eingeladen, Referate zu halten, Diskussionen zu mo-derieren oder Lesungen zu gestalten. Bildungseinrichtungen, Vereine, Stiftungen, Kulturveranstalter und Kirchengemein-den buchen mir manchmal kein Hotelzimmer sondern fra-gen, ob ich auch bei einem Mitarbeitenden der Veranstaltung einquartiert werden dürfe. Privat, zu Hause! Für „richtige" Geschäftsreisende mag das eine Schreckensvision sein. Für mich ist der nächtliche Absacker bei gastfreundlichen Leuten eine Quelle interessanter Biografien, Ehe- und Familiengeschichten, Meinungen und Lebenserfahrungen. Die Gastgeber sind meist so um die 60. Weil sie „Zimmer frei haben, seit die Kinder aus dem Haus sind".

Ob die wirklich aus dem Haus sind oder so anhänglich wie eh und je, ist meist schon das erste Gesprächsthema. Ob es ein „Empty-Nest-Syndrom" bei Müttern gibt, wie stark sie als Pflegerin ihrer hochbetagten Altvorderen oder als Oma ihrer Enkel gefordert sind – darüber reden viele Frauen gern.

Ob sie ihren erwachsenen Kindern noch etwas bedeuten; ob Macht und Ansehen im Beruf schwinden und welche Gefühle eine bevorstehende oder gerade vollzogene Pensionierung auslöst – darüber schweigen viele Männer lieber. Von den Träumen nach Aufbruch und Veränderung reden beide besser gar nicht.

So kam ich drauf. Auf die Idee, Fakten zu sammeln und von Begegnungen zu berichten aus einer Lebensphase, die Frauen zu kennen glauben und Männer selten zu erkennen geben. Nicht als Ratgeberonkel, der wohlfeile Tipps zu vergeben hätte. Aber als ein Reporter, der hartnäckig daran glaubt, dass Sie, die Leserinnen und Leser, Ihre eigenen hilfreichen Schlüsse ziehen können und sich an einigen Stellen vielleicht sogar wiedererkennen. Und wenn Sie am Ende Befürworter geworden sind, Ihres Alters und Ihrer Lebenslage, würde es mich freuen.

Andreas Malessa

Kapitel 1
„… aber sonst ist noch alles okay!"

Was haben Sie *vor* diesem „aber sonst" gesagt? Das ist doch ein verräterischer Nachsatz, finden Sie nicht? Verdächtig wie die berühmte Urlauberbeteuerung „Aber sonst hat Mallorca auch ruhige Ecken." Aha? Also nicht nur den Ballermann? Na dann.

Die gängige Begrüßungsfloskel „Und? Alles gut?" erwartet ja als einzig mögliche Antwort ein markiges „Yep, alles im grünen Bereich". Fragt jemand noch ganz altmodisch „Na, wie geht's?", ermöglicht das eine zwar auch nicht ehrlichere, aber zumindest differenziertere Antwort: Sie können erst mal mit den Achseln zucken und ein tiefes „Och …" einatmen.

Beendet der oder die Fragende den Wortwechsel jetzt nicht mit einem „Muss ja, ne? Also, ciao", dann – ja dann *könnten* Sie jetzt eine kurze Zusammenfassung der aktuellen Beschwernisse, der Sorgen und Leiden Ihres Lebens jenseits der 60 erzählen. Könnten Sie. Tun's aber nicht. Denn noch während Sie sprechen, kommen Ihnen Bedenken, das höre sich jetzt aber allzu wehleidig an. Deshalb schnell hinterhergeschoben: „… aber sonst, also im Großen und Ganzen …" Pause. „… können wir nicht klagen." Ihr Gegenüber lächelt beruhigt.

„Und überhaupt und im Grunde muss man noch froh sein."
Soso.

Aber kommen Ihnen folgende Beobachtungen denn völlig fremd vor?

Wenn Sie aus einem tiefen Sessel aufstehen, aus der Hocke hochkommen oder aus Ihrem Auto aussteigen, stöhnen Sie „Ah!" Und wenn andere dabei sind, nehmen Sie sich vor, jetzt nicht „Ah" zu stöhnen.

Ihr Namensgedächtnis mag auch früher schon schlecht gewesen sein. Aber die Zeitspanne, bis „der Groschen fiel", war kürzer. Jetzt fällt Ihnen vom Beginn bis zum Ende der zweistündigen Jubiläumsveranstaltung ums Verrecken nicht ein, wie diese Frau dort drüben, ja genau, die da in der zweiten Reihe, wie hieß die gleich, die hat mir doch damals ... Nichts. Null. Blackout. Hinterher, beim Sekt-mit-Small-Talk im Foyer, könnte diese Bekannte aber auf Sie zukommen und von genau jenem „damals" plaudern wollen ... Und übermorgen, völlig zusammenhanglos, wird Ihnen ihr Name wieder einfallen. Plötzlich und glasklar. Wenn es niemand mehr braucht.

Sie vergessen jetzt auch häufiger, was Sie wem gesagt oder schon mal erzählt haben. Das führt bei den Zuhörenden normalerweise zu geduldig-gelangweiltem Lächeln oder artigem Lachen (ein Gentleman ist jemand, der jeden Witz noch nie gehört hat). Schlimmstenfalls führt es zu Peinlichkeiten („Also mir gegenüber hat er das aber ganz anders ..."), im besten Falle führt es zu mehr Faktencheck. Manche bauen deshalb ein kleines Frühwarnsystem ein, einen Bremsimpuls wie die Asphalt-Erhebungen in den Spielstraßen der Wohnviertel: „Und da sagt doch dieser Taxifahrer zu mir ... oder hab ich Euch das schon erzählt?"

Die Glitschigkeit einer Duschkabine – im Hallenbad, im Hotel, in der Ferienwohnung – und den Haltegriff über der Badewanne haben Sie ein halbes Leben lang nicht mal bemerkt. Jetzt achten Sie drauf. Denn kurzes Stolpern kann lange Rückenschmerzen bedeuten. Von Muskelzerrungen oder gar einem Bandscheibenvorfall ganz zu schweigen.
Wer will schon als Humpelstilzchen zum Frühstück erscheinen.

Wenn Sie unbedacht und hastig etwas trinken, bei einem angeregten Tischgespräch zu schnell atmen, reden, kauen und sich plötzlich verschlucken – dann ist das nicht wie in Kindertagen mit zwei Klapsen auf den Rücken getan. Nein, Sie glauben zu ersticken. Sie werden puterrot, Ihre Stimme versagt. Die Luftröhre ist wie zugeschnürt. Sie entschuldigen sich röchelnd, flüchten ins Badezimmer und sind erst nach zehn Minuten wieder gesellschaftsfähig an der Tafel zurück. Dort haben inzwischen die anderen Gäste ihre eigenen Verschluckungs-Erlebnisse ausgetauscht: Mit Nuss-Schokolade, Krokantplätzchen, Pinienkernen, mit Rucola-Salat und scharfen Thaisuppen zum Beispiel. Alle haben vollstes Verständnis, aber ja doch! Trotzdem: Warum ist das im Alter so ein Drama, verdammt noch mal?!

Es war Ihnen jahrzehntelang schnurzegal, wo bitte schön Sie im Großraumwagen eines ICE Platz nahmen. Schülerhorden oder verliebte junge Paare merken ja nicht mal, dass sie in einem öffentlichen Verkehrsmittel reisen. Sie aber – Sie achten seit Neuestem darauf, dass es von der Tür her nicht zieht (Rücken!), dass Sie nicht am Fenster sitzen, wo die grelle Sonne flackert (nervöse Augenrötung!), und dass Sie in Fahrtrichtung sitzen (leichte Kopfschmerzen!). Wenn nämlich der „Franken-Sachsen-Express" mit Tempo 180 und Neige-Technik von Nürnberg nach Dresden rast, reagiert Ihr Magen wie bei einer Achterbahnfahrt rückwärts.

Wenn Ihre Lesebrille wieder mal „gottweißwo" liegen geblieben ist, können Sie sich die Speisekarte ja vom Kellner vorlesen oder in Auszügen zitieren lassen. Das hört sich für die Restaurantgäste an den Nachbartischen manchmal an wie eine Theaterprobe: „Kann ich noch mal diese Stelle weiter vorne hören, bitte? Ab ‚Carpaccio' etwa?"

Wenn Sie aber ohne Lesebrille am Bankschalter oder auf einer Behörde etwas unterschreiben sollen, dann müssen Sie dran glauben. Also dran glauben, dass schon alles seine Richtigkeit haben wird, was Sie da halb blind mit Ihrem Namenszug bestätigen.

Wenn Sie in den finanziell klammen Jugendjahren eine Strecke von, sagen wir, 350 Kilometern auf der Autobahn zu fahren hatten, dann lautete die wichtigste Frage: „Wie weit reicht die Tankfüllung noch?" Die war nämlich von Papa gesponsert.

Heute lautet Ihre wichtigste Frage: „Wie weit noch bis zur nächsten Sanifair-Toilette?" Und: „Können wir Deine und meine Pinkelpausen bitte so koordinieren, dass wir nicht an *jeder* Raststätte halten müssen?!"

Zu Terminen und Veranstaltungen kommen Sie neuerdings lieber zu früh als pünktlich. Beginnt in der Seniorenresidenz ein Vortrag um acht Uhr, ist um sieben der Saal voll. Im Festzelt sitzen die ersten Alten schon, wenn die letzte Bierbank noch nicht steht. Garderobenfrauen und Platzanweiserinnen in Opern- und Konzerthäusern rechnen mit bis zu 60 Minuten Rentner-Vorlauf. Nur Hip-Hop-Solisten, Rapper und Jungrocker können bis kurz vor Konzertbeginn Soundcheck und Lichtprobe machen – ihre Klientel unter 20 trödelt notorisch zu spät in die Location.

Woher kommt diese alterstypische Sorge vor dem Zu-spät-Sein? Sie sitzen im Auto, haben was vergessen und müssen noch mal zurück ins Haus. Bei Abfahrt Nr. 2 fällt Ihrem Mann ein, was *er* vergessen hat ... Außerdem hassen Sie es, gehetzt und genervt irgendwo zu erscheinen und ganze Stuhlreihen für sich aufstehen zu lassen. Und schließlich die simple Rechnung: Eine halbe Stunde Hinfahrt plus zwei Stunden Kinofilm ohne Pause – da gehen wir sicherheitshalber vorher noch kurz ...

„Wissen Sie, was Essensreste nachts zwischen Ihren Zähnen anrichten?", fragt der Zahnarzt. „Ich weiß es nicht", sagt der Patient, „wir schlafen getrennt."

Selbst wenn es bei Ihnen noch nicht so weit ist: Das in Jahrzehnten entstandene und teuer zusatzbezahlte Mit- und Nebeneinander von Füllungen, Jacketkronen, Brücken und Implantaten hat im Mund ein alterstypische Folge: Nahrungsreste bleiben hinterhältig und hartnäckig zwischen den sogenannten Zähnen hängen. Nisten sich ein, krallen sich fest, kleben und haken und hängen so penetrant in den Spalten und Klüften, dass kein Zahnstocher mehr etwas ausrichten kann. Auch hinter vorgehaltener Hand nicht. Zum Dessert gibt es Apfelkuchen mit Mandelsplittern? Na, danke schön.

Was also werden Sie tun? Sie lächeln nur noch mit geschlossenem Mund und – versuchen es mit der Zunge. Die ausgebeulte Wange ist ein Erkennungszeichen älterer Menschen beim Nachtisch. Dass da im Verborgenen eine hyperaktive Naturbürste ihre akrobatische Schwerstarbeit verrichtet, kann manchmal sogar intellektuell wirken: Wenn Ihr Gegenüber einen Satz beendet hat, ziehen Sie staunend die Augenbrauen hoch, schauen nachdenklich ins Weite und befehlen Ihrem Höhlenbohrer im Mund einen abrupten Stopp in der Hamsterbacke. Sieht aus, als würden Sie gleich den ontologischen vom kausalen Gottesbeweis unterscheiden und Aristoteles gegen Immanuel Kant verteidigen. Ist in Wahrheit aber nur der Moment, in dem Sie spüren: „Sie hat ihn! Diesen elenden Essensrest!"

Sie werden neuerdings von Rührung und Sentimentalität überfallen. Bei der Taufe Ihrer Patentochter oder Enkelin ging's ja noch. Aber jetzt, wenn Sie bei der Konfirmation eines süßen Teenagers eine Tischrede halten sollen? Wieso steigt Ihnen das Heulen ins Gesicht, woher dieses Zucken der Unterlippe, wie kriege ich den Kloß im Hals raus und Festigkeit in die Stimme rein? Meine Güte! Reiß Dich doch zusammen!

Dass ein Vater zwischen 50 und 65 mit Tränen in den Augen seine brautkleidgeschmückte Tochter durch den Mittelgang zum Traualtar führt, wo Mutter und Schwiegereltern, Omas und Opas in blumendekorierten Kirchenbänken längst die Taschentücher zücken – geschenkt! Versteht jeder. Darf sein. Ist doch klar.

Aber unvermittelt mit den Tränen kämpfen an einem werktägigen Vormittag in der Küche, nur weil NDR Kultur oder Klassik Radio die „Pathétique" von Beethoven spielt?! Die „Kinderszenen" von Robert Schumann oder „Thais" von Massenet mit Anne-Sophie Mutter an der Violine? Der Vorstandsvorsitzende im dicken Daimler, die Chefärztin auf dem Parkplatz des Klinikums müssen ihre Telefonate unterbrechen, weil Gary Brooker von „Procol Harum" mit kehliger Stimme gerade die erste Zeile von „A Salty Dog" intoniert: „All hands on deck/we run aflow/I heard the captain cry ...." – dieser plötzliche Kloß im Hals hat ja weder mit irgendeiner konkreten Erinnerung noch mit Traurigkeit zu tun. Nicht mal mit Sehnsucht nach dem Meer. Es ist die reine Melancholie. Oder alberne Sentimentalität. Oder ist es nicht mal das, sondern schlicht eine alterstypische Gemütsschwäche?

Als die Kinder noch klein waren und es an Ihrer Arbeitsstelle brummte, fielen Sie abends wie tot ins Bett und hörten nach sechs oder sieben Stunden Erschöpfungsschlaf das Piepen des Weckers wie die Glocken zum Jüngsten Gericht. Genussvoller Luxus war es, draufzuhauen und satte zwei Stunden weiterzuschlafen. Jetzt – die Kinder sind aus dem Haus, die Fima hat Sie frühpensioniert oder wurde nach China verkauft – wachen Sie ungewollt um fünf zum ersten Mal auf, ganz ohne Wecker um sechs schon wieder, stehen um halb sieben endgültig auf und werden ab 14 Uhr bleiern müde. Sie schlafen mehr als früher – aber in kürzeren Häppchen. Sie sind seit Tau und Tag auf den Beinen, Schwager und Schwägerin kommen zum Mittagessen, der verregnete Sonntagnachmittag am Kaffeetisch zieht sich in die Länge – und Sie stemmen sich gegen die Tonnage Ihrer Augenlider. Kämpfen um Ihr Gleichgewicht im Sitzen. Und gegen den Grauschleier im Hirn. Mü-dig-keit. Lähmend wie ein Vollrausch. Was gäben Sie drum, einfach aufstehen zu dürfen und schlafen zu gehen!

„Aber sonst", beenden Sie den kurzen Small Talk auf der Straße, „aber sonst ist noch alles okay!"

Kapitel 2
Was Silver Liner still ertragen

Wer spürt es insgeheim zuerst – *er* oder *sie*? Das Etikett „alter Sack". Nie ausgesprochen, versteht sich. Aber im Bruchteil einer Sekunde von Mitfahrenden im Stadtbus und von Kassiererinnen im Supermarkt über die Altherrenglatze hinweg in die Luft gebeamt: alt. Opa. Etwas unbeholfen. Meistens mürrisch. Im schlimmsten Fall „herrisch"(!), in guten Momenten „irgendwie süß". Merken es die Damen und verschweigen es höflich? Oder merken es auch die Herren, ignorieren es aber tapfer?

Es mag daran liegen, dass „heutzutage in einer U-Bahn, besetzt mit zugestöpselten, Röntgenblicke durch die Wände schickenden Gelegenheits-Autisten es ja sowieso oberstes Gebot ist, dass man einander für unsichtbar hält, dass man sich nicht sieht und nicht hört'" – aber für Männer über 60 scheint dieses Gebot in verschärfter Form zu gelten.

Gar nicht ablehnend, aber auch nicht interessiert, entscheidet sich zwischen zwei Lidschlägen, zu welcher Gruppe man(n) gezählt, gerechnet und abgeschrieben werden kann. Bei den jungen Geschniegelten an der Hotelrezeption und den jungen Strubbeligen am Fast-Food-Counter „schaffen wir

Alten es nur noch bis zu ihrer Netzhaut. Der Raum dahinter, wo das Sehen anfängt, bleibt uns verschlossen. Wir werden unsichtbar. Wir sind ihnen wie Laternen, Litfaßsäulen und Hydranten. Gegenstände, die man bemerkt, um ihnen auszuweichen."[2] „Frisch gebackene" Rentnerinnen und Rentner (ein unfreiwillig komisches Wort. Rentner kommen nicht ausgebrannt und schlapp, sondern frisch und knusprig aus der Hitze des Arbeitslebens ...) schwärmen in den Wochenendbeilagen der Tageszeitungen davon, wie fit, wie aktiv, wie gesellig sie sind. Beschreiben begeistert, wie lustvoll (ganz wichtig!) und genussvoll sie Möbel restaurieren, Tango tanzen lernen, Malkurse besuchen, Halbmarathon laufen, Berge erklimmen und Weltmeere durchkreuzfahren. Wo sie ja jetzt „endlich nicht mehr arbeiten müssen", „endlich ihr eigener Herr sind", „alle Zeit der Welt für was Sinnvolles haben"! (War ihre Berufstätigkeit also mehrheitlich sinnlos?)

Die Texte platzen vor Lebensfreude und strotzen nur so von Vitalität. Aber seltsam: Direkt neben und zwischen all den Erfolgsberichten stehen Anzeigen der Pharmaindustrie. Empfehlen Salben gegen Gelenkschmerzen, Tabletten gegen Harndrang, Treppenlifte für Gehbehinderte! Wem also darf ich als Leser glauben: den redaktionellen Texten oder den Anzeigen?

Hat ein Mann jenseits der 60 an einem Zeitungskiosk oder in der Bahnhofsbuchhandlung es schon mal bemerkt oder gar beklagt, dass jeden Monat mehrere Tausend Seiten schönster Hochglanzmagazine davon handeln, was *Frauen* nach der

Berufs- und Familienarbeit machen? Kochen, Festtafeln dekorieren, Stoffe drapieren, Kleider schneidern, sticken, häkeln, batiken, malen, töpfern, Gärten anlegen, Gemüse ziehen, Rosen züchten, Blumen stecken, Schmuck löten, schminken, frisieren, gesund bleiben, und-überhaupt-wie-in-einem-Rosamunde-Pilcher-Roman-leben? Toll. Glückwunsch.

Und was machen *Männer* nach der Erwerbstätigkeit so? Wenn Herr Rentner nicht zufällig angelt, jagt, segelt, Zierfische züchtet oder Oldtimer repariert, kann kaum ein Fachmagazin von seinen Hobbys leben. Mal abgesehen von sommerlich sich wiederholenden Grilltipps. Männer-Lifestyle jenseits der 60? Nicht der Rede wert, jedenfalls nicht der auflagenstark gedruckten.

Ein Paar, sichtbar weit jenseits der Silberhochzeit, betritt das „Herren"-Stockwerk eines Kaufhauses. Von der Werbung als „Best Ager" oder „Silver Liner" umschmeichelt, sollte ein Hemd-und-Hose-suchender Mann geduldig darüber hinwegsehen, dass die Verkäuferin über ihn hinwegsieht. Und intuitiv zuerst mit seiner Frau spricht. Über ihn, versteht sich. Über seine Bundweite z. B., seine Lieblingsfarben und welche Stoffe er verträgt. „So einen Hals" darf man(n) auch nicht bekommen, wenn die Damen über seine Halsweite parlieren. Tun sie ja freundlicherweise, damit ihm nicht der Kragen platzt.

Nun gut, an dieser zeitsparenden Ignoranz des Verkaufspersonals ist er auch selbst mit schuld, bzw. sein glasiger Blick ist es: Betäubt von der Musikdusche uralter Discohits, verwirrt vom Geschnatter der Massen, verschwitzt von der feuchtwarmen Luft der Klimaanlage, sacken manche Männer in Kaufhäusern schlagartig in eine Art willenlose Trance. Werden seltsam antriebslos und unentschlossen, obwohl es doch um ihre Interessen geht. Aber zig Dutzend gleich aussehender blaugrauschwarzer Sakkos, Hunderte folienverpackter Hemden voller versteckter Nadeln, Tausende säuberlich gefaltete T-Shirts und Hunderttausende winzige Zettel mit Markennamen, Nummern, Maßen und Preisen können das Hirn und Herz eines Mannes in schafsblöde Apathie versetzen. Oder sich zu einem explosiven Gefühlsgemisch verdichten: „Raus hier! Luft! Hilfe!"

Steht der „stark gebaute Herr in bestem Alter" noch halb nackt in der Umkleidekabine und seine Frau reißt mit einem lauten „Und?" den Vorhang zur Seite – dann sollte er tunlichst verschweigen, an welcher empfindlichen Stelle der Hosenstoff besonders juckt. Ein schüchternes „Also, ich weiß nicht ..." genügt völlig. Er wird unisono von Ehefrau und Verkäuferin hören, das Material sei ganz edel und außerdem „trägt man das heute so!"

Warum erträgt er, was man(n) heute so trägt? Weil er leider nicht zu jener seltenen Sorte Männer gehört, die ohne langes Weh und Ach irgendwann alleine in die Stadt gehen und mit Hemden, Hosen, Jacketts und Pullovern wiederkommen, die ihnen passen, die ihnen stehen und die keine Privatinsolvenz verursachen. Und weil seine Gemahlin wiederum nicht zu jener Sorte Frauen gehört, die jederzeit und eigeninitiativ Klamotten für ihre Männer kauft. Diese zielführende, zweckmäßige, zeit- und nervensparende Arbeitsteilung funktioniert ja nur, wenn der Mann hochzufrieden jahrelang trägt, was sie ihm da so alles mitbrachte oder bestellte.

Alte Männer beklagen ihren Bedeutungsschwund im öffentlichen Leben nicht. Wer will schon in lächerlicher Selbstüberschätzung einen Laden betreten, wie es Loriot in „Papa ante portas" zum Klassiker stilisiert hat: „Mein Name ist Lohse, ich kaufe hier ein!" Nein, dass man ihn übersieht, höflich nicht beachtet oder fürsorglich infantilisiert, gefährdet seine psychische Stabilität nicht stark genug, um vernehmbar darüber zu meckern.

Für dieses „Schweigen der Männer" mag es viele Gründe geben, rund 10 Millionen wahrscheinlich. Zu den Ritualen intellektueller Redlichkeit in der Postmoderne gehört es ja, immer vorneweg zu beteuern, dass es „den" im Folgenden beschriebenen Typen sowieso nicht gibt. Und dass auf jede vermeintlich symptomatische Beobachtung hundert Ausnahmen und Gegenbeispiele lauern. Schon recht. Darf ich trotzdem ein paar Vermutungen zur Diskussion stellen und den Paaren fürs gemeinsame Gespräch empfehlen, nachdem wir vorher einen kleinen Ausflug an den Bodensee gemacht haben?

Kapitel 3
Giselher, Chef im Altenpuff

„Es war noch früh am Abend, als sich ein älterer Herr die Marmortreppe von der Kellerbar zu uns nach oben hochquälte. Ohne den vergoldeten Handlauf hätte es der Greis wohl kaum geschafft. ,Ich wollte bei dem netten jungen Mädchen bezahlen', sagte er mir mit schlaffer, luftarmer Stimme ,und gab ihr einen 100-D-Mark-Schein. Beim Retourgeld behauptete sie aber, ich hätte ihr nur einen 50er gegeben. Wissen Sie, in meinem Alter hab ich's doch nicht mehr nötig, hier zu betrügen!'"

Diese Zeilen las ich im Manuskript eines Schweizer Bordellbesitzers. Ich rezensiere Bücher im Radio und bekomme infolgedessen hin und wieder skurrile Werke aus Eigenverlagen der Schreibenden zugeschickt.

„Da ich solche Fälle schon öfter in meinen Betrieben hatte, glaubte ich dem Rentner, nicht aber der Bardame. Ich fragte sie, wo das Geld sei, aber sie bestand darauf, nur 50 D-Mark bekommen zu haben. Ich durchsuchte alle Winkel der Bar und plötzlich kam mir der Geistesblitz: Ich griff ihr kurzerhand unter den Rock und holte die Hundertnote aus ihrer Scheide! Als ich mir die Hände gewaschen und den Geldschein gegen einen sauberen aus der Kasse ausgetauscht hatte, bat ich den Gast um Entschuldigung. Die Zeche gehe aufs Haus."

Die Anekdote war überschrieben mit „Geld verdirbt den Charakter". Stimmt, dachte ich. Bloß: Welchen von beiden?

Ich hatte die schrille Schreibe längst vergessen, als auf einer Diakonie-Tagung die Chefin einer Reha-Klinik witzelte: „Prostitution ist im Grunde nur eine verschärfte Form der Altenpflege." Alle grinsten, manche nickten. „In der medizinisch-geriatrischen Literatur gibt es zu diesem Thema aber nur gut abgehangene Texte. Hochseriös. Niemals von den Betroffenen selbst." Ich nahm mir vor, den Verfasser der Puff-Episode zu finden.

In Zeitschriften und Ratgeberbüchern werden die altersbedingt abnehmende Attraktivität des Körpers, der nachlassende sexuelle Anreiz und die zunehmende Gewöhnung aneinander als eine, wenn nicht *die* Gefahr für Ehe und Partnerschaft beschrieben. Dementsprechend fleißig müsse am Erhalt von Schönheit und erotischer Anziehungskraft gearbeitet werden. So, als sei der Kampf gegen Routine und Lustlosigkeit mit teuren Dessous und heißen Accessoires, süßen kleinen Fetischen und seltsamen Rollenspielen zu gewinnen. Wenn zwei Menschen damit ihren Spaß am Sex über die Jahre retten – bitte sehr, nichts dagegen. Mich wundert nur, warum eine simple Erkenntnis nicht ähnlich populär ist: Erotik ist die Freude am geheimnisvoll Gegensätzlichen. Freundschaft ist die Freude am vertrauten Ähnlichen.

Dass in einer Partnerschaft Erotik und sexuelles Begehren

abnehmen, während Freundschaft und platonische Liebe zunehmen, mag man befürchten, muss es aber nicht. Könnte man diese Entwicklung mal nicht als „Brüderchen-und-Schwesterchen-Ehe" verspotten, sondern den versteckten Charme, die offenkundigen Vorteile, die still glühende Wärme einer solchen Beziehung entdecken? Dass die erotische Anziehung abnimmt, gerade *weil* die vertraute Freundschaft zunimmt, mag eine Herausforderung, eine Aufgabe für Mann und Frau sein. Aber ist es ein durchweg bejammernswerter Verlust?

In millionenfachen Varianten erlebt und erzählt wird die wunderbare Verwandlung in jungen Jahren, wie „aus Freundschaft Liebe wurde". Wie zwischen einander längst vertrauten Freunden auf einmal erotische Funken sprühten und Herzen entflammten. Den Rocksänger Klaus Lage hat es berühmt gemacht, davon zu singen, wie er sich plötzlich in eine langjährige Spielkameradin aus Kindertagen verliebte. „Tausendmal berührt, tausendmal ist nix passiert, tausendundeine Nacht – und es hat Zoom gemacht."

Den *umgekehrten* Fall, wie in späteren Lebensjahren „aus Liebe Freundschaft wurde" – den erzählen nur wenige und den besingt kaum jemand. Dass eine solche Verwandlung auch „wunderbar" sein kann, schildern ein paar ergreifende Kinofilme, sicher. Wenn einer der beiden Liebenden schwer erkrankt oder durch einen Unfall verunstaltet ist. Aber einfach so? Wie man vom heißen Begehrtwerden zum vertrauten Befreundetsein kommt, durch den alltäglichen Lauf der (Ehe-)Jahre? Cineastisch schwer darstellbar, zugegeben. Im wirklichen Leben aber vermutlich häufiger der Fall, als das Studien und Statistiken je abbilden könnten.

Manche Wissenschaftler wollen beobachtet haben, dass eine gewisse Geringschätzung der genitalen Sexualität gegenüber breit gefächerten anderen „Lüsten" zunimmt und die Zahl asexueller Partnerschaften und Ehen steigt. Infolge des medialen Overkills an Sex, infolge jahrzehntelanger Enttabuisierungen auf allen Kanälen sei der Sex schal und banal geworden, seien Geheimnis und Eroberung unmöglich, der „Kick" irgendwie raus und „Sexualität heute nicht mehr die große Metapher des Rausches und des Glücks".[3]

Nun gut, aber wo bleibt dann das sexuelle Verlangen? Was tun, „wenn's unterm Gürtel brennt", um noch mal Klaus Lage zu zitieren? Wenn sich die schon jetzt rund 17 Millionen Singles in Deutschland nicht unverzüglich gegenseitig heiraten, wird es in absehbarer Zeit so viele allein lebende Alte geben wie noch nie. Bleibt denen zur Triebabfuhr dann nur Masturbation und Prostitution?

Besagter Verfasser, Giselher Sturm, wie ich den Rotlichtkönig nennen will, ist Schweizer und nicht leicht zu kontaktieren. Er lebt zurückgezogen an einem der schönsten Fleckchen Europas, will mir aber gerne auf halber Strecke entgegenkommen: In ein nobles Hotelrestaurant am Bodenseeufer. So nobel, dass eine Limousine vor mir einfach am Haupteingang anhält. Die Fahrerin steigt aus, gibt dem Hotelpagen ihren Autoschlüssel und stöckelt hinein. Ob das auch mit meiner staubigen Familienkutsche funktioniert, will ich erst gar nicht testen. Ich gurke weiter durch die Altstadtgassen auf der Suche nach einem Parkplatz.

Herr Sturm ist groß gewachsen, schlank, hat schütteres rotblondes Haar, einen fein ziselierten goldenen Ring am Finger, trägt ein schwarzes Poloshirt unterm Jackett und einen hauchdünnen Schal ums Revers. Dass er demnächst 80 wird, sieht man ihm nicht an.

„Meinen letzten Betrieb hab ich vor zwölf Jahren zugemacht. Als der Vermieter merkte, wie gut es lief, wollte er so viel abhaben, dass ich sagte: Schluss, hier sind die Mädchen, hier sind die Schlüssel, mach's doch selber. Ich setz mich zur Ruhe."

Mit „Betrieb" sind ganz unterschiedliche Einrichtungen des Rotlichtmilieus gemeint, lerne ich im Laufe des Abends: ein 30 Jahre lang gut gehendes „Abstauberlokal" auf dem Lande z. B., ohne Zimmer und Huren, aber mit Tanzfläche, Bar und Schanklizenz bis morgens um 3 Uhr. Die Inneneinrichtung machte unmissverständlich klar, welche Gäste erwünscht waren: „Quickficker, zwei Drittel Frauen. Verheiratete Frauen wohlgemerkt, die meisten über 40." Mein verwirrt fragender Blick ist ihm nicht entgangen. „Zu Hause haben die doch nur noch ganz ausgefallenen Sex. Letzten Samstag ausgefallen, davor die Woche ausgefallen ..." Giselher schaut prüfend, ob sein Witz bei mir ankommt. „... und nur mit ein paar kleinen Kugeln im Schritt geben die sich auf Dauer auch nicht zufrieden. Stimuliert die Vagina beim Gehen, gibt's im Handel, kann sich aber wohl entzünden. Es gab auch Damen, die fuhren mit ihrer Eroberung nicht mal irgendwohin, sondern machten's

gleich im Auto oder im Sommer auch draußen und dann saßen die nach 'ner Stunde wieder bei mir im Café. Ein Paradies
für junge Kerle, sage ich Ihnen."

Giselher spürt, dass ich ihm nicht glaube. Oder will ich es
ihm nur nicht glauben? Ist nicht überall zu lesen, Frauen koste
es Überwindung, Sex und Liebe voneinander zu trennen? Der
Wunsch nach ganzheitlichem Geliebtwerden über den Orgasmus hinaus sei stärker, das weibliche Hormon Oxytocin eine
Art „Vertrauensdroge", die den Wunsch nach Bindung und
Fürsorge bis lange nach dem Sex lebendig halte?

„Sie glauben mir nicht, stimmt's?" Ich will unser Gespräch
nicht schon bei der Vorspeise zum Kentern bringen und rude-
re zurück. „Doch, schon. Aber ich kenne einige Paartherapeu-
tinnen und bin mit zwei, drei Psychologen befreundet, die sagen, dass die weibliche Seele ..." Herr Sturm lacht laut auf. Zu
laut für das gediegene Ambiente hier, finde ich. „Klar. Das mit
dem Traum von dem einen, dem Märchenprinzen und der großen Liebe, meinen Sie? Stimmt ja auch. Aber nicht immer. Und
im Alter immer weniger. Warten Sie mal, bis unsere hurtigen
Schweizer Pharma-Leute das Viagra für Frauen erfunden haben. Da werden Sie sich noch wundern, wie die älteren Damen Sex und Liebe voneinander trennen können."

Beim Hauptgang kommt mein Gegenüber wieder auf die
Vielfalt seines Wirkens zurück. Neben Kontakt-Cafés und Bars
gab es z. B. einen Nachtklub mit Stripshows und sieben Separees – „auf dringende Bitte des Oberbürgermeisters übrigens, damit die Ärzte, die Rechtsanwälte, die Apotheker und
die Priester nicht immer bis nach Zürich fahren, sondern ihr

Geld hier in der Region ausgeben. Mit Tänzerinnen aus aller Welt und mit gehobener Kundschaft umzugehen, war nicht leicht für mich. Muss man erst lernen."

Giselher hat genau registriert, bei welchem der genannten Berufe ich die Gabel beiseitegelegt hatte. „Die Priester, ja. Im Vorarlberg drüben war Prostitution verboten. Die Gegend ist aber genauso katholisch wie's Allgäu oben. Einer der Hochwürden wollte die Kosten übernehmen, wenn ich ihm einen separaten Eingang bauen lasse."

Nichts von alledem lässt sich überprüfen, denke ich noch, während Herr Sturm mir von riesigen Diskotheken und kleinen Luxusvillen in den Bergen erzählt, von insgesamt acht „Läden", die er regiert hätte. Hochrangige Kundschaft aus Polizei, Finanzbehörde und Justiz zu haben und zu halten, habe in seiner Branche einen Vorteil, sagt er. Ich wär nie drauf gekommen: „Wenn Ihr Laden brummt, spricht sich das rum im Milieu. Da kommt dann schon mal einer und will sich beteiligen. Oder will Sie gleich ganz hops nehmen. Ich bin zu solchen Gesprächen immer unbewaffnet gegangen. Ohne Angst. Weil ich sagen konnte: Bitte sehr, übernehmt ihn doch! Euch machen die Behörden morgen den Laden zu. Mir nicht."

Das Essen im Uferrestaurant ist den Preisen entsprechend gut. Ich muss erst zu Ende kauen, bevor ich nachfrage: „Warum nicht auch Ihnen?"

„Weil die Herren aus der Verwaltung bei mir Stammgäste waren und sich auf mich verlassen konnten."

„Warum um alles in der Welt geht jemand in ein videoüberwachtes Bordell und hängt seinen Ruf, seine Ehe, eventuell

sogar sein politisches Amt an den seidenen Faden und ver-
lässt sich darauf, dass *Sie* den Mund halten werden?!"

„Das ist der Trieb. Das Hirn ist im Hintern und hilft schie-
ben. Diese hormongesteuerte Unvorsichtigkeit wird *nach*
dem Berufsleben übrigens noch schlimmer, wenn Sie kein
Amt oder kein großes Ansehen mehr zu verlieren haben. Auf
die Idee mit dem Rentnerpuff hat mich ja erst ein befreunde-
ter Kollege gebracht."

Wir nähern uns dem Grund unseres Treffens. Direkt hinter
mir nimmt eine sechsköpfige Tischgesellschaft Platz. Ich er-
muntere Herrn Sturm zu erzählen. Nur etwas leiser bitte.

„Ich hab ja nebenbei noch mit Immobilien und Grundstücken gehandelt und da fiel mir auf, dass ein Kollege in
Deutschland billige Häuser direkt neben oder hinter Super-
märkten kaufte und schick herrichtete. Warum dort? Bei Lidl
oder Aldi wird doch spätabends oder morgens früh lärmend
laut Ware angeliefert, oder? Lastwagen, Müllwagen, Kunden-
parkplätze – furchtbar. Der Grund war einfach: Rentner gehen
nicht *abends* ins Bordell. Abends sitzen sie neben Mutti auf
dem Sofa vor dem Fernseher. Die gehen morgens Gipfeli holen, vormittags zum Arzt oder ins Hallenbad und nachmittags
zum Einkaufen. Wenn da *tagsüber*, direkt neben dem Supermarkt, was *Warmes* offen hat – dann merkt das keine Ehefrau." Ich bemühe mich, kein staunendes Gesicht zu machen.

„Ich hab die Idee dann ja auch in der Schweiz umgesetzt
und es lief prima. Wir mussten nur die Namen der Mädchen
in größeren Buchstaben an die Türglocken schreiben. Aber es
war angenehm, für alle Beteiligten."

„Was heißt das?", will ich wissen. Am Nebentisch wird es unangenehm still. „Die Männer zwischen 60 und 80 wollen keine ganz jungen Huren, weil sie Angst haben zu versagen. Mag sein, dass manche Männer bei einer 20- bis 30-Jährigen auch an die eigene Tochter denken müssen und dann nicht können. Von Ausnahmen abgesehen waren meist reifere Damen gefragt. Die haben genug Selbstbewusstsein, um einen Gast auch mal abzulehnen; die haben schon genug Geld verdient im Leben, um eventuell alle Gäste eines Nachmittags abzulehnen, und die haben dann auf dem Zimmer auch genug Verständnis, wenn's ewig dauert oder gar nicht mehr klappt."

„Und wenn's gar nicht mehr klappt, muss er trotzdem zahlen?"

„Vermutlich ja, aber damit habe ich ja nichts zu tun."

„Wieso nicht? Sie verdienen doch an ..." Giselhers stahlharter Blick zeigt mir, dass ich soeben in einen Riesenfettnapf getreten bin.

„Wollen Sie mich beleidigen? Ich bin doch kein Zuhälter!"

Ich nehme die Menükarte zur Hand, als müsse ich was nachschauen. Nur um irgendetwas Belangloses zu tun. Zum Glück plaudert mein Gegenüber weiter: „Das Geschäftsmodell ging so: Ich kaufte ein Haus und vermietete jedes Zimmer für 150 Euro die Nacht an eine Hure. Ob Frau Mieterin dort die ganze Nacht geschlafen oder sich Rösti gebraten oder ob sie zehn Kunden einen geblasen und 3000 Euro in der Stunde verdient hat – das war mir egal. Sie musste nur für jeden Gast, der mit ihr aufs Zimmer wollte, bei mir an der

Bar eine Flasche Sekt kaufen für 150 Euro. Bei Schampus oder Eiswein auch mal 380 Euro. Und meistens bestellte der Kunde hinterher, so nach fünfzehn Minuten, in der Erholungsphase, ja noch eine zweite Flasche. Ich vermietete Zimmer und verkaufte Getränke, basta. Das war mein Einkommen gegenüber der Steuer. Mit Prostitution direkt hatte ich gar nichts zu tun." Ach so. Na dann.

„Und was macht eine Prostituierte mit zehn, zwölf Flaschen Sekt?"

Jetzt grinst mein Gesprächspartner verschmitzt, die Atmosphäre entspannt sich. „In den Separees der Tabledance-Lokale haben die jedes Glas diskret in den dicken Teppich geschüttet. Nach ein, zwei Jahren war das eine Art Textilsirup. Konnten Sie drin stecken bleiben. Musste dauernd erneuert werden."

Das zieht einem ja die Schuhe aus, will ich sagen, verkneife es mir aber und komme noch mal auf sein Rentnerbordell zurück: „Nach welchen Kriterien konnte ein besonders alter Gast abgelehnt werden?" – „Oh, Sie unterschätzen die Menschenkenntnis der Professionellen! Denen sagt ein einziger Blick auf die Haare, den Hemdkragen, die Fingernägel, die Schuhe, wie's drunter rum ausschaut. Ob er schon bisserl inkontinent ist oder Hautkrankheiten hat. Und dann sagt sie halt ,Merci vielmals, nicht mit mir'."

Ein Kellner fragt, ob's noch was sein darf. Ich werde unruhig, bin aber erleichtert, als Herr Sturm sofort einen Espresso nach dem Essen bestellt. „Schauen Sie: Was es in puncto Ekel vielleicht schwieriger macht, macht es im eigentlichen Fick leichter. Die steigen links auf und rollen rechts runter. Fertig.

Oder sie wollen nur fummeln und gestreichelt werden. Macht ihnen daheim ja auch niemand mehr. Oder sie wollen nur plaudern. Und zahlen zwei-, dreihundert Stutz dafür!" „Franken?", vergewissere ich mich. „Oder Euro. Ist ja inzwischen fast dasselbe. Lumpenpack, lumpiges."

Damit meint Giselher jetzt nicht die Puffgäste ab 60, vermute ich. Auch nicht die anderen Akteure seiner Branche, sondern wahrscheinlich die UBS- und Credit-Suisse-Manager, die Züricher Börsenhändler und Berner Bundesräte, die ihm in den letzten Jahren manche Gewinnspanne zwischen Deutschland, der Schweiz und Liechtenstein vermasselt haben dürften. Zumindest beim Immobilienhandel. Sein Blick hinaus auf den nächtlichen See, dessen Uferlaternen und Bootslichter sich romantisch auf der Wasserfläche spiegeln, kehrt zu mir zurück und wird fast stechend: „Und glauben Sie ja nicht, ich hätte auch nur eine meiner Damen gezwungen, mit Rentnern aufs Zimmer zu gehen! Die schleckigen Geschäftsleute zwischen 30 und 50 mit ihren perversen Pornoideen, das sind die Schweine. Nicht der Opa, der zwischendurch Herztabletten nehmen muss. Mit den abartigen jungen Gästen ...", ich muss Herrn Sturm ein zweites Mal bitten, etwas leiser zu sprechen, „... hatte ich Ärger, nie mit den Alten."

„Ärger. Was hieß das praktisch?"

„Ein Mal, ein einziges Mal, hab ich einem Kerl, der sturzbetrunken handgreiflich wurde gegen die Mädchen und gegen mich, dem hab ich ein Auge rausgeschossen. Wurde aber als Notwehr gewertet vor Gericht."

„Das heißt, Sie hatten eine Pistole."

„40 Jahre lang, jawohl, ja. Aber damit Sie nichts Falsches denken: Wir hatten immer eine familiäre Atmosphäre. Die drei ältesten Damen meiner Läden waren 21 Jahre bei uns und schreiben uns heute noch Weihnachtsgrüße!"

„Uns?"

„Ja. Meiner Frau und mir. Wir sind seit rund 50 Jahren glücklich verheiratet."

Ich bin irgendwie froh, als der Kellner sich schon wieder nähert und fragt, ob alles recht gewesen wäre und ob er auch uns die Rechnung bringen dürfe. Wo ihn doch die Gruppe am Nebentisch gerade zum Zahlen gerufen hat ... Ich werde unruhig, verstehe die unmissverständliche Aufforderung, endlich zu verschwinden. Mein knapp 80-jähriger Gesprächspartner aber greift mit beiden feingliedrigen Händen in seinen Schal, lehnt sich zurück und bittet im Ton eines Gentlemans höflich um die Dessertkarte.

„Wie denken Sie über Ihr eigenes Alter?", frage ich und will zögernd aufstehen. Herr Sturm lächelt und seufzt. „Also, Schuldgefühle hab ich keine. Ich hab immerhin in den letzten Jahren schon fast 19 000 Unterschriften fürs Organspenden gesammelt! Ich finde das wichtig. Und ansonsten ... tja, wenn die Huren nicht bei mir gearbeitet hätten, hätten sie woanders gearbeitet. Und wenn die Gäste nicht bei uns gevögelt hätten, dann eben in ..."

„Ich will gar nicht auf Ihre Moral hinaus, Herr Sturm", unterbreche ich ihn und sehe, wie der Kellner schon meinen Mantel von der Garderobe bringt, „sondern auf Ihre Lebensperspektive für die letzten paar Jahre."

„Na ja, ich bin halt gespannt, ob mir der Herrgott Dank zollt, wenn ich in den Himmel komme."

„Dank? Wofür?" Ich schlüpfe in den Mantel und krame nach dem Autoschlüssel.

„Dass ich über so viel Heuchelei aufgeklärt habe und damit vielleicht einigen Heuchlern das Handwerk legen konnte."

„Aber Sie haben doch 40 Jahre lang von der Heuchelei gut gelebt."

Sein Eisbecher wird serviert. Giselher Sturm nickt, zuckt mit den Schultern und macht mit der Hand eine bedauernde Geste. „Wiederluege. Sali. Kommen Sie gut heim."

1,2 Millionen, denke ich auf der Autobahn nordwärts. Ich weiß nicht, wie diese Zahl ermittelt worden sein soll, aber so viele Männer nähmen mindestens einmal pro Jahr die Dienste einer Prostituierten in Anspruch, behaupten Insider.[4] 400 000 Damen gäbe es im horizontalen Gewerbe, sagen Schätzungen des Deutschen Städtetages, „nur" rund 40 000 davon sind laut Bundesfamilienministerium offiziell gemeldet, 14,5 Milliarden Euro Umsatz jährlich kämen dabei rum, behauptet die Gewerkschaft ver.di[5]. Die Kundschaft wird entsprechend des demografischen Wandels zunehmend älter. Da hatte mein Schweizer Rotlichtkönig schon früh den richtigen Riecher. Aber ist es vorstellbar, dass es in Zukunft zunehmend auch weibliche Kundschaft geben wird?

Und noch ein Gedanke will mir nicht aus dem Kopf: Giselher Sturm verwendete kein einziges Mal das Wort „Freier". War das nur dem Unterschied zum schriftdeutschen Sprachgebrauch geschuldet? Der Begriff ist ja einerseits erstaunlich altmodisch – das mittelalterliche Brautwerben hieß „freien" – und andererseits ist er ärgerlich verlogen: Der „Freier" selbst ist alles andere als frei, sondern muss peinlich auf Anonymität bedacht sein; die Hure „be-freien" kann und will er erst recht nicht und wenn die käufliche Triebabfuhr ihn dauerhaft „frei" machen würde, hätte Giselher nicht 40 Jahre lang Stammgäste gehabt.

Kapitel 4
Man(n) ist so alt, wie man sich fühlt?

Alte Männer beklagen nichts, weil sie nicht glauben können oder wollen, dass ihre Selbstwahrnehmung und ihre Außenwirkung zwei verschiedene Paar Schuhe sind. Gegen alle theoretische Vernunft und praktische Erfahrung halten die meisten an einem seltsamen Dogma fest: Die Welt müsse sie so sehen, wie sie sich selbst sehen. Müsse in ihnen auf Anhieb den Junggebliebenen erkennen, den unverwüstlichen Mick Jagger in uns allen. Wer sich geistig, seelisch, sozial und kulturell so fühlt, als habe sich eigentlich kaum was geändert, seit er Ende 30 ist – der geht irgendwie stillschweigend davon aus, das müssten die anderen doch auch von ihm denken.

Vermutlich gilt das auch für Frauen im „Altweibersommer" des Lebens. Sie selbst sehen sich keinesfalls zu jenen „alten Leuten" zugehörig, die da gerade aus dem Touristenbus steigen. Kaffeefahrt, Stadtrundfahrt, Kegelklub. Gott, wie peinlich. Diese breiten Sandalen aus undefinierbarem Grüngrau. Diese Faltenröcke mit Stretchbündchen. Das Strickjackengeschwader im Formationsflug. Sogenannte „freche" Föhnfrisuren mit Strähnchen in postklimakteriellem Aubergine. Und die

Herren? Diese Anglerwesten mit den achtundzwanzig klett-
verschließbaren Außentaschen. Diese Hemingway-Gesichter
mit einem Blick wie Winnetou, aber die Hosen haben Bügel-
falten.

Vom Museumseingang her ruft eine Frauenstimme:
„Kommst Du endlich?!", und schon trollen sie sich. Gehör ich
zu denen? Niemals! „Ich sperre mich instinktiv gegen den Gedanken, dass wir außer dem Geburtsdatum etwas gemeinsam haben könnten."[6]

„Man ist so alt, wie man sich fühlt" – dieser Spruch ist
dumm. Weil man(n) und frau sich morgens wegen körper-
licher Beschwerden manchmal oder gar häufig *älter fühlt,* als
er oder sie tatsächlich ist. Und weil es die Deutungshoheit der
eigenen Wirkung von den Betrachtern auf den Betrachteten
verlagert. Vom Objekt aufs Subjekt.

Schon vor knapp 20 Jahren haben Soziologen den Satz
wissenschaftlich gegengecheckt und geschlechterübergreifend festgestellt: „Die meisten Älteren nehmen sich ungefähr
neun Jahre jünger wahr, als sie sind."[7] Männer „fühlen" sich
sogar um etwa 14 Jahre jünger und glauben, acht Jahre jünger auszusehen.[8] Wenn das stimmte, wäre der „blinde Fleck"
zwischen Eigenbild und Außenwahrnehmung etwa ein Jahr-
zehnt groß.

Der Witz dazu geht so: Im Wartezimmer eines Zahnarztes
liest der Patient auf den Urkunden an der Wand einen Namen,
der ihm bekannt vorkommt. Hieß nicht ein schlanker, schwarz
gelockter, flinker Junge in seiner Schulklasse so? Als mit be-
dächtigen Schritten ein korpulenter, glatzköpfiger Dentist

das Behandlungszimmer betritt, denkt der Patient: „Aha, nein, dann ist er das nicht." Beim Lesen der Patientenkarte stutzt der Zahnarzt. „Kann es sein, dass wir Anfang der 70er-Jahre zusammen auf dem Hölderlingymnasium waren?" „Ja!", nickt der Patient. Der Zahnarzt lächelt: „Und welche Fächer haben Sie damals unterrichtet?"

Im realen Alltag geht der blinde Fleck so: *Er* hält sich für einen gern gesehenen Stammgast im Edelitaliener und möchte die zwei ehemaligen Kollegen dorthin ausführen, wo ihn der Padrone – so hofft er – vom gemauerten Holzkohle-Steinofen aus mit Vornamen begrüßen wird. Wo man jede Weinempfehlung mit einer persönlichen Erfahrung kommentieren kann und die Preise zwar an der Obergrenze, aber grade noch bezahlbar sind.

Die jungen Kellnerinnen sehen in dem Altherrentrio drei Restaurantgäste, die bei der Getränkeaufnahme erst umständlich ihre Lesebrillen suchen werden, dann gebieterisch Bestellungen aufgeben, das erste Glas Wein mit ebenso bedauernder wie bedeutungsvoller Miene zurückgehen lassen („korkt!") und schließlich wegen der abgedimmten Beleuchtung die Herrentoilette nicht finden oder über Stufen dorthin stolpern. Jeder Kellner, jede Servicekraft auf Erden weiß, was das ist: männliche Kundschaft um die 60. Heikel.

Alte Männer beschweren sich nicht, weil sie ihre tatsächliche Seelenlage weder benannt noch behandelt kriegen wollen. Schon gar nicht im Opfer-Modus oder unter dem Verdacht der Hilfsbedürftigkeit. Das scheint mir der markanteste

Unterschied zu Frauen gleichen Alters zu sein, denn die finden zeitweilige Hilfsbedürftigkeit keineswegs ehrenrührig. Das Beispiel wiederholt sich so oft, dass es zum gern erzählten Klischee geworden ist, aber es verdeutlicht exakt die Gefühlslage: Männer fahren lieber in die Irre, als nach dem Weg zu fragen. Kein Navi im Auto und kein Smartphone auf dem Schoß können helfen, wenn Frau Beifahrerin nicht genau weiß, ob die Mülheimer Straße vielleicht Mühlweiler Straße, Weilmühler Weg oder Wegheimer Mühle heißt.

„Frag doch jemanden!", sagt sie dann so einfach. Das aber geht aus mehreren Gründen nicht: Das Frage-und-Auskunft-Spiel wird mindestens zwei, drei Minuten dauern, während alle Fahrzeuglenker hinter dem Orientierungslosen denken „Wieso fährt der Depp nicht?!" Erfreuliche Ausnahmen widerlegen nicht die Regel, dass drei von fünf Passanten keine Ahnung haben. Selbst ortsfremd, der deutschen Sprache nicht mächtig oder wegen mitgeführter kläffender Hunde nicht zu verstehen. Sagt ein Fußgänger kurz und knapp „Weiß ich nicht!", hat der ratlose Autofahrer noch Glück: Paare eröffnen meist eine lebhafte Diskussion untereinander, unterbrechen und widersprechen sich, wo das gesuchte Ziel denn nun sei.

Sagt ein Einheimischer „Ja, weiß ich", beginnt er meist zu gestikulieren. Dabei entstehen sogenannte Text-Bild-Gegensätze. Sein Mund sagt „An der, äh, zweiten Ampel ...", während seine gespreizten Finger bis fünf zählen, „... biegen Sie links ab", und sein Arm rudert nach rechts. Wem soll man glauben – dem Bild oder dem Ton?

Jemanden fragen zu müssen, bedeutet für Männer eine

Niederlage. Ich hab es nicht alleine gekonnt, ich bin zu blöd, ich bin am Ende mit meinem Latein, bitte helfen Sie mir. Eine unerträgliche Demütigung! Ärgerlicher jedenfalls als eine wiederholte Stadtrundfahrt oder die rätselhafte Ankunft zwischen Fabrikruinen und Lagerhallen. Frauen, die rasch und unbekümmert um Hilfe bitten, kommen deshalb nicht automatisch rechtzeitiger am richtigen Ziel an, aber wesentlich entspannter.

Auf Zugfahrten werde ich manchmal Zeuge, wie die meist jungen ICE-Zugbegleiter und -Zugbegleiterinnen bei älteren Männern den Opfer-Modus und das Gefühl der Hilfsbedürftigkeit tunlichst vermeiden. Ich wüsste gern, ob die das in der Ausbildung lernen oder per Begabung können. Man hört förmlich, was hinter ihren Stirnen gedacht wird: „Vorsicht, Graukopf. War mal richtig mächtig. Fühlt sich auch noch so. Mag es eigentlich nicht, kontrolliert zu werden. Wird aber lockerer, je ernster Du ihn nimmst. Heb ja nicht seinen schweren Koffer in die Gepäckablage. Das macht er immer selbst. Nur heute nicht, Ischias oder so. Biete ihm Kaffee an, bevor du den Fehler im Routenverlauf seiner Fahrkarte korrigierst ...“

Das Gegenteil solchen Schongangs lässt sich beobachten, wenn der ältere Herr mit seiner Frau oder gar im Kreise mehrerer – meist ähnlich betagter – Damen Zug fährt. „Lass den Koffer lieber da stehen!" „Ist das überhaupt Dein reservierter Platz?" „Ich hab Deine Fahrkarte sicherheitshalber in meine Handtasche genommen." „Ist Dir nicht zu warm in der Jacke?" „Soll ich Dir einen Apfel schälen?" Jüngere Mitreisende würde es „nicht wundern, wenn die Frau ihren Mann auf den

Schoß nähme und ihm den Rücken klopfte, bis er Bäuerchen machte".

Das ist derb satirisch übertrieben, sicher. Aber mit dem üblichen Körnchen Wahrheit drin, denn schon bald sinkt der rundumversorgte Entmündigte in ein gesegnetes Nickerchen ...

Alte Männer ertragen das meiste klaglos, weil sie sich nostalgisch in die Situation ihrer Berufstätigkeit zurücktagträumen. Beide kleinen Schwächen – die Divergenz zwischen Selbstwahrnehmung und Außenwirkung und das Vermeiden von Hilfsbedürftigkeit – wurden im Berufsleben ja auf sehr praktische Weise korrigiert: Dass man von den Geschäftspartnern für kompetent, einflussreich und erfahren gehalten wurde, war an erfolgreichen Vertragsabschlüssen, an tragfähigen Geschäftsbeziehungen und letztlich an der Jahresbilanz der Firma ablesbar. Hatte man sich in seiner Wirkung auf andere getäuscht, in seiner Kompetenz überschätzt, an einer Herausforderung verhoben, gab's vom Chef was auf die Ohren, dann eine berufliche Fortbildung, im schlechteren Fall ein neues Aufgabengebiet und schlimmstenfalls die erste Abmahnung.

Ob man als One-Man-Show im Alleingang ein Projekt stemmen sollte oder lieber die Fachkollegen „zu Hilfe bitten", war unter den gewandelten Bedingungen einer modernen Dienstleistungs- und Kommunikationsindustrie sowieso klar. „Elf Freunde müsst ihr sein", dieses Fußballmotto galt auch für Produktion, Marketing, Vertrieb und Verwaltung. Und weil man heutzutage nur als „Netzwerk" eine Chance auf Erfolg hat, ließ sich gelegentliche Rat- und Hilfsbedürftigkeit sogar noch als „Teamfähigkeit" verkaufen, als honorige Demut, als Beweis freundlich bescheidener Kollegialität.

Genial am Berufsleben war außerdem: Es funktionierte als Korrektiv *und* als Würde-Tanke! Gleichzeitig. Wackelte je das Selbstwertgefühl (und dafür bietet das Familienleben mit heranwachsenden oder erwachsenen Kindern reichlich Gelegenheit), gab's spätestens am Montagmorgen neue Stabilisierungen.

Zumindest für Männer mit Führungsfunktion: die Fahrt im Dienstwagen zum reservierten Firmenparkplatz, das ehrerbietige Kopfnicken des Pförtners, das Namensschild an der Tür, die sorgfältig nachlässig frisierte Vorzimmersekretärin und den vertrauten eigenen Schreibtisch. Für mittelständische Handwerker: den vertraut riechenden Blaumann vom Haken, den aufgeräumten Werkzeugwagen und den erfreulich blinkenden Anrufbeantworter mit neuen Aufträgen.

Trotz allen Ärgers, trotz schwieriger Zeiten, trotz aller Flüche in der Kantine – war das Betriebsklima nicht gerade unterirdisch und die Abteilung nicht von Mobbern und Idioten bevölkert, dann hatte die Berufstätigkeit der eigenen Seele meist einen ganz wunderbaren Dienst erwiesen: als Würde-Tanke und Gemüts-Oase.

Doch damit ist es dann vorbei. Bei Führungskräften großer Betriebe manchmal schon ab Mitte 50. Ab 62 oder 65, spätestens mit 67, ist es für immer vorbei. Dann müssten die Partnerin, die Kinder und Enkel, die Freunde zu einer Gemüts-Oase werden, in der ein sicherer Seelenvorrat an Bestätigung und Selbstwertgefühl aufgefrischt werden kann.

Kapitel 5
Der alte Mann und das Mehr

„Seitdem mein Mann morgens nicht mehr aus dem Haus geht ...“ Der Gesichtsausdruck, mit dem eine Frau das sagt, ist derselbe, mit dem sie vor rund 30 Jahren sinngemäß sagte: „Kleinkinder sind ja so süß! Machen aber auch unglaublich viel Dreck.“ Eine Lebensform, die sie sich jahrelang gewünscht hatte und *im Prinzip und grundsätzlich* beglückend fand, brachte *konkret* und im alltäglichen Klein-Klein ungeahnte, zeitweilig schier untragbare Belastungen mit sich.

Warum huschen ihr jetzt manchmal, zwischen Hinlegen und Einschlafen oder zwischen Aufwachen und Aufstehen, Erinnerungen an ihre Jahre als junge Mutter über die Seele? Warum laufen sie ihr, an schlechteren Tagen, tatsächlich als „Laus über die Leber“? Ihr Mann ist doch kein Kind, das betreut werden müsste!

Mehr Zeit füreinander haben. Mehr miteinander unternehmen. Mehr gemeinsam erleben. Schon vor knapp 25 Jahren empfanden „nur 3 % der Paare den Ruhestand als Bereicherung ihrer Beziehung“[9] – also konnten 97 % nicht feststellen, dass mehr Zeit füreinander automatisch auch mehr Glück miteinander bedeutete. Warum nicht?

Das Leben zu zweit besteht – hoffentlich meistens oder zumindest in den nachdenklich-romantischen Momenten – aus dankbarer Wertschätzung all des Guten, Wahren und Schönen, der verlässlichen Treue und der verständnisvollen Nachsicht, die Mann und Frau füreinander aufbringen. Manchmal, ja, sind wir rundum glücklich, loben einander und bedanken uns für das gute Umsorgtsein und alles Verzeihen, kurz: für das Wunder einer tragfähigen Liebe bis ins Alter. In vielen Stunden der vielen anderen Tage aber besteht das Leben auch aus lästigen Kinkerlitzchen und kleinen Ärgerlichkeiten.

Wie lange jemand im Bad braucht und warum Zehennägel auf dem Fußboden den barfüßig Nachfolgenden ekeln. Wieso zusammengeknüllte nasse Handtücher nicht trocknen, sondern müffeln. Warum die restliche Gemüsesuppe ja gar nicht in den Kühlschrank gestellt wurde. Und wohin man sie jetzt wegschütten soll, ohne den Abfluss zu verstopfen. Wie es kommt, dass auf allen freien Flächen der Wohnung was steht. Wie lange die Rechnung von der Firma Dings hier schon liegt. Dass Klopapier auf der Papprolle kein nachwachsender Rohstoff ist. Wer die Mülltonnen so dämlich rausgestellt hat, dass gleich zwei Parkplätze blockiert sind ...

Der alte Mann entdeckt jetzt das Mehr. Wie viel mehr Haus- und Familienarbeit erforderlich ist, als er dachte. Seine Frau entdeckt jetzt mehr an ihrem Mann. Wie viele kleine, anfangs putzige, später nervige Schrullen und Gewohnheiten er hat, die von seiner beruflichen Ganztagesabwesenheit gnädig gemildert worden waren.

Von solchem Alltagsklein aber reden all die strahlend

erholt aussehenden, geistig topfitten Renten-Ratgeber und Alters-Experten nicht, wenn sie „häufig und leicht dahingesagt die Vorstellung verbreiten, das Alter sei auch eine ‚Chance'. Wobei unerfindlich bleibt, wofür. Es entsteht eine neue Sorte Kleinstdarsteller zum Thema Alter. Gut betuchte, hochbetagte Mitbürger preisen sprachgewandt und gegen gutes Geld im Fernsehen die Segnungen des Alterns.

So reden Menschen mit vollem Beutel und eiserner Gesundheit. Wer das Alter preist, hat ihm noch nicht ins Gesicht gesehen"[10], wetterte TV-Journalist Sven Kuntze. Andere halten unbeirrt den erwünschten Kurs des positiven Denkens: „Die partnerschaftliche Kooperation mit Frauen wird verstärkt geübt. Es gilt die Formel: Weniger Mann, mehr Mensch."[11]

Eine unfreiwillig verräterische Formel. Als Mann im Beruf war er manchmal unmenschlich, jetzt, als Rentner und hier zu Hause, „ist er Mensch, hier darf er's sein", wie Goethes Faust beim Osterspaziergang? Der Mann wirkt also umso menschlicher, je unmännlicher er sich gibt? Dann schauen wir uns die „partnerschaftliche Kooperation" mal genauer an:

Natürlich erwartet niemand, – er am allerwenigsten – dass die Frau des Hauses jahrzehntelang bewährte Arbeitsweisen, lieb gewordene Gewohnheiten, gut geölte Abläufe und Handgriffe über Nacht ändert, nur weil ihr Mann neuerdings ja auch Zeit dafür hätte. Warum sollte sie ihm Saftpresse und Teig-Rührgerät, Waschmaschine, Tumbler und Kühltruhe, die korrekte Entnahme des Staubbeutels aus dem Staubsauger, das Entkalken des Spülautomaten sowie die Reinigung des Backofens, die Verwendung von Möbelpolitur im Wohnzimmer und Essigreiniger im Bad erst lang und breit erklären? Wenn das bei ihr doch aus dem Effeff klappt und in kürzester Zeit erledigt ist?

Erst wenn *sie* erschöpft oder krank, wenn sie teilzeitberufstätig oder länger verreist ist und *er*, aus Notwendigkeit oder Neugier, plötzlich Interesse an bisher ungeübten Tätigkeiten zeigt – dann zeigen sich Konflikte, die nur scheinbar alltagsbanal und oberflächlich sind, weil sie zu Haarrissen, zu winzigen Bruchlinien des Selbstbewusstseins werden können. Und schlicht demütigend sind:

Die ganz alte Kaffeemaschine mit weißer Thermoskanne unterm Filter sah fleckig vergilbt und irgendwie versifft aus. Die schicke schwarzsilberne Espresso-/Cappuccinomaschine, die sie sich vor fünf Jahren gekauft hatten, machte pro Tasse den Lärm eines startenden Jumbojets. Jetzt, zum 45. Hochzeitstag, möchte er seine Frau mit einem nigelnagelneuen Kaffeeautomaten überraschen, der die Bohnen leiser zerkleinert und einfach alles kann. Latte macchiato, Cappuccino, Espresso, Kaffee mild, Kaffee stark – einfach alles. Das Konfigurieren der Programme „Vorbrüh-Aroma", „Rapid Steam" und „Spülen/Entkalken" erfordert die sorgfältige Lektüre einer knapp 80-seitigen Gebrauchsanweisung. Er hat sie gelesen. Er hat alles ausprobiert. Das Gerät schweigt. Und blinkt.

Ihm kommt in einer Aufwallung ohnmächtiger Wut in den Sinn, wie oft er beim Online-Buchen von Eintrittskarten und Zugfahrkarten schon „fehlerhafte Eingabe", „Passwort vergessen?" oder „Die Seite kann nicht angezeigt werden" auf dem Bildschirm lesen musste. Dass er bei Geldüberweisungen

Zahlendreher eingetippt hatte und neulich bei IKEA die bestellten Möbelteile im Hochregallager einfach nicht fand, verdammt noch eins, bis diese zierliche, junge Angestellte sie ihm zeigte. Vor seiner Nase.

Beim Hochzeitstag-Frühstück – den Pulverkaffee hat er nach alter Väter Sitte mit kochendem Wasser in einer Filtertüte aufgebrüht – zeigt ihm seine Herzallerliebste, wie man die elektronische Uhr des Backofens einstellt, damit die Brötchen kross werden. Dies und eine Menge mehr *ein Mal* gezeigt zu bekommen, ist normal. Beim zweiten Mal schon knifflig, beim dritten Mal eine Demütigung. Die Frage „Wann kapiert er es endlich?" (wo er doch in seiner Firma ganze Walzwerke ans Laufen gebracht hatte!) ist schwer zu beantworten. Denn manche Geschicklichkeiten in der Küche sind ja nicht eindeutig „richtig" oder „falsch", sondern buchstäblich Geschmackssache: Wie man eine Zwiebel häutet, klein würfelt, aber nicht quetscht, glasig anbrät, aber nicht verbrutzelt – darüber kann einem der Appetit vergehen. Einem? Nein, beiden.

Ich habe schätzungsweise drei Dutzend Männer gefragt, ob sie nach ihrer Pensionierung ein Hobby neu entdeckt oder erstmalig angefangen hätten. Die Hälfte von ihnen sagte sofort: „Ja, Kochen!" Nachfrage: Tun Sie das gemeinsam mit Ihrer Frau? Antwort: „Nein, geht nicht. Ich will ja kochen, nicht diskutieren." Das klingt für Frauen wenig schmeichelhaft und ehrt die wenigen fröhlichen Ausnahmen umso mehr. Es gibt harmonisch eingespielte Küchen-Duos, die vom Einkauf der Zutaten bis zum Servieren der Desserts alles perfekt aufgeteilt haben: Du machst den Salat, ich die Beilagen, Du das

Fleisch, ich die Soße, Du den Nachtisch, ich die Getränke. Glückwunsch, wenn es bei Paaren so ist.

Die Regel ist es nicht. Und die Gründe liegen auf der Hand: In der Betriebskantine und beim Essen in der Mittagspause, werktags daheim, ging es nur um Nahrungsaufnahme an sich. Mit irgendwas musste man sich ja „stärken". An den Wochenenden ging es um Spaß. Beim Kochen und beim Essen. Und – es ging natürlich auch um die staunenden „Oohs" und „Aaahs" der Freunde und Gäste. Mit sorgfältig vorbereiteten Lammkarrees in Kräuterkruste und einem reduzierten Balsamico-Fond an Entenbrust konnte man Eindruck schinden, konnte Ehre erlangen und – das denkbar Beste aller Feste – die eigene Gattin ein bisschen stolz machen auf ihren Mann!

Wollte man dieses nette kleine Radschlagen des Pfaus unter das Mikroskop für Handlungsmotive legen, wäre vielleicht zu sehen: Nicht aus Fürsorge für seine Gäste kocht der Mann („Schmeckt's Euch denn?"), sondern aus Vorsorge für seine Anerkennung („Na, kann ich das?!").

Jetzt, im unendlich gedehnten Wochenende des Ruhestands, sollen Kochen und Essen *auch werktags* Spaß machen! Und gut sein. Blöd nur: Es gibt nicht halb so viel Lob und Anerkennung mehr. Auch simple Erkenntnisse können überraschen: Je öfter und regelmäßiger jemand kocht, umso selbstverständlicher und unbemerkter wird sein Mühewalten. Für die jahrzehntelang zwischen Herd und Esstisch changierende Familienfrau ist das so selbstverständlich wie das schwäbische Sprichwort „Nicht gemeckert ist genug gelobt". Für den kochenden Neu-Rentner ist es eine herbe Motivationsbremse.

Und ein Grund, zu den Essgewohnheiten des Berufslebens zurückzukehren: Gut ist, was schnell geht. Hatte seine Frau ihn nicht erst gestern dafür gelobt, dass er schnell den Müll entsorgt, mal eben schnell den Teppich gesaugt und schnell noch das Fahrrad repariert hatte? Nur wenn er „schnell was warm macht", lobt sie ihn nicht.

Auf *sie* wirkt dieser neue „Platz-da-jetzt-koch-ich"-Mann unterschwellig erst mal zudringlich, grenzüberschreitend, distanzlos. Sie freut sich über sein Interesse, ja sicher, sie ermutigt seine Neugier und Experimentierfreude, sie lobt vielleicht sogar sein Vorgehen und das leckere Ergebnis – trotzdem ist da jemand in ihren angestammten Kompetenzbereich einmarschiert, will sich Grund und Boden eines Erbhofes aneignen, mischt sich ein und bringt alles durcheinander.

Um nicht missverstanden zu werden: Ich meine nicht die Denke der 60er-Jahre, als Töpfe und Pfannen in TV-Werbespots noch ins „Reich der Frau" empfohlen wurden, das viel zitierte Heimchen am Herd als Vorbild galt und siegreiche Frauenfußballerinnen ein Kaffee-Service geschenkt bekamen. Nein, nein: Paare, die heutzutage in ihren 60er-Lebensjahren sind, haben meist ein weitgehend beiderseitig berufstätiges und damit partnerschaftlich geteiltes (Haushalts-)Leben hinter sich. Trotzdem – und erst recht, wenn bis vor Kurzem noch Kinder im Haus versorgt wurden – „fühlt" sich die Mehrheit der Frauen zuständiger, verantwortlicher und vor allem kompetenter im Haushalt.

Zu hören bekommt das der haushalts-hilfswillige männliche Partner, wenn die Instruktionen seiner Frau wie Natur-

gesetze klingen: „Es ist immer so, dass ..." „Man macht das ...",
„Man muss das ..." oder „Es wird normalerweise ..." Also nicht
subjektiv oder verhandelbar: „Meiner langjährigen Erfahrung
nach, Schatz, und der solltest Du vertrauen, geht es am besten
wie folgt ...", sondern objektiv und unerbittlich. Alternativlos
eben. Alternativlos? Das war das Unwort des Jahres 2010 ...

Zu spüren bekommt der neuerdings ganztägig haushalts-
verfügbare Mann, dass nicht alle Tätigkeiten gleich wertig,
nicht gleich gültig sind. Völlig banale Dinge haben offenbar
im Lauf der Jahre – von ihm unbemerkt – ein Ranking durch-
laufen: Lebensmittel einkaufen z.B. ist viel höher angesie-
delt, als den Wagen zur Inspektion bringen. Obwohl sorglose
Nachlässigkeit in beiden Fällen tödlich enden kann. Mit viel
Zeit und Muße ganz toll passende Geburtstagsgeschenke für
die Kinder zu suchen, hat einen höheren Stellenwert, als die
externe Sicherungsfestplatte für den Laptop und das Zweit-
Smartphone zu suchen. (Obwohl beides einer guten Beziehung zu den Kindern dient.)

Das Füllmaterial von zerbrechlichen Gegenständen aus
Postpaketen nach Styropor und Pappe zu trennen, die Pappe
und das Altpapier von Plastikbanderolen zu befreien, den Plas-
tikmüll aus dem Lebensmitteleinkauf von kompostierbaren
Essensresten und diese wiederum nach schnell faulenden und
lang haltbaren zu unterscheiden – das ist in manchen Ehen
„gefühlt" wichtiger, als die EC-Karte von der Kreditkarte und
den Führerschein von der Zulassung unterscheiden zu können.

Bevor mich jetzt der Bannstrahl aller politisch korrekten
Geschlechtergerechten trifft: Der französische Altersforscher

und Soziologe Jean-Claude Kaufmann hat untersucht, welche Zuständigkeiten wie und an wen verteilt wurden, wenn Paare fortgeschrittenen Alters erst kürzlich zusammengezogen waren. Weil sie verwitwet oder geschieden lebten und nun einen neuen, gemeinsamen Haushalt gründeten. „Frauen stellen die Standards auf. Sie ziehen selbst jene Aufgaben an sich, die der Mann (in seiner ersten Ehe) bisher ganz gut selbst erfüllte. Als hätte das Puppenmütterchen in ihnen nur darauf gewartet, loslegen zu dürfen, entfalten manche im Umgang mit der Wäsche z. B. eine Leidenschaft, die man nur als Relikt aus vergangenen Zeiten verstehen kann. Generationen von Hausfrauen waren stolz auf ihren Wäscheschatz, der, weiß, geordnet und mit Bändchen verziert, im Aussteuer-Kasten ruhte. Solche Verpflichtungen und Freuden sterben nicht aus."[12]

Klingt chauvinistisch, ist in Deutschland natürlich ganz, ganz anders als in Frankreich, erzeugt aber jetzt die Notwendigkeit, den gender-maingestreamten Proporz herzustellen: Auch Männer haben ihre Tätigkeiten im Haushalt nach einer inneren, meist unbewussten, Prestige-Hierarchie geordnet: Es gibt Aufgaben, deren Erledigung bringt schnelle und dankbare Anerkennung (Spinnen entfernen, Rasen vor dem Regen mähen, Klo putzen, Behördenformulare ausfüllen.)

Es gibt Aufgaben, deren Erledigung bemerkt kein Mensch. (Schlafzimmer saugen, Keller entrümpeln, Altkleider aussortieren.) Und es gibt Aufgaben, die bringen Ansehensverlust! Erst recht, wenn jemand zuschauen könnte. Als „unbeliebteste Haushaltstätigkeit" nannten österreichische Familienväter „Fensterputzen außen".[13] Warum Fensterputzen außen?

Ganz einfach! Vorbeigehende Frauen denken: „Das wird ja doch nicht sauber." Vorbeigehende Männer denken: „Die arme Sau ..."

Bittet *sie* ihn nun um die Erledigung einer Aufgabe, die bei *ihr* hochrangig notiert ist, bei *ihm* aber ganz weit unten rangiert – dann macht sich aus dunklen Herzenshöhlen ein Nachsatz auf den Weg, der es hoffentlich nie bis über ihre Lippen schafft: „... oder ist das unter Deiner Würde?!"

Unter seiner Würde? „Nein, natürlich nicht! Was gemacht werden muss, muss halt gemacht werden", lautet die einzig mögliche Antwort. Und warum auch nicht, *sie* hat das schließlich jahrzehntelang auch klaglos gemacht! Haushaltstätigkeiten nach „niederen" weiblichen und „höheren" männlichen zu sortieren, wäre ja noch schöner! Nein, natürlich ist nichts unter seiner Würde.

Die Antwort ist ein bisschen gelogen. Denn während er hinter sich bringt, was unausweichlich ist, (z. B. die Bodendeckerranken im Vorgarten abschneiden, damit sie nicht auf den Bürgersteig wuchern. Vorher noch die Biomülltonne von innen ausspritzen. Vor der versammelten Fensterfront aller Wohnungen gegenüber ...), gehen ihm ein paar sehr vernünftige Gedanken durch den Kopf und ein paar sehr unvernünftige Gefühle durch den Bauch: Würde? Meine Güte, was heißt schon Würde. Du hast Dich im Job so oft zum Affen gemacht, da kommt es auf diese Nummer zu Hause auch nicht mehr an. Du hast Zeit, Du bist da, es muss gemacht werden, also zick jetzt nicht rum und schluck Deinen Stolz runter. Du bist Rentner. Drüben im Stadtpark fragt ja auch keiner mehr, ob da ein pensionierter Generaldirektor oder ein pensionierter Pförtner die Enten füttert ...

Das Bauchgefühl aber sagt: Fürs Laubfegen auf dem Hof warst Du früher einfach zu teuer. Im Job wurde die Würde durch Geld geregelt. Was Überwindung kostete, ließ man den Kunden was kosten. Wer bereitwillig alles macht, hat alles mit sich machen lassen ...

Hin und her schwankend zwischen Verstand und Gefühl, Einsicht in das Notwendige und Auflehnung gegen das Unangenehme, keimt in ihm ein heimlicher Wunsch: Dass jemand – am besten natürlich seine Beste – respektieren möge, wie viel Überwindung es ihn kostet. Dass sie nicht die erledigte Aufgabe an sich würdigen möge, sondern die Tatsache, dass diese Aufgabe bis vor Kurzem noch tatsächlich „unter seiner Würde" gewesen wäre! Klingt kompliziert. Ist es auch. Und eitel ist es obendrein. Ist arg um die Ecke gedacht, wenn nicht gar lächerlich. Und deshalb beißt er sich eher die Zunge ab, als genau diesen Wunsch auszusprechen.

Noch verworrener werden die Fäden der kleinen Alltagsmissverständnisse, wenn *sie* aus dem Fenster schaut und ihren Mann mit der Blumenschere zwischen Bürgersteig und Rabatten herumkrabbeln sieht. Die umgedrehte Biotonne macht gerade eine Pfütze. Dass ihr seine Pensionierung und der damit verbundene Status- und Rollenverlust nichts ausmache, überhaupt nichts, hat sie den Kindern, Verwandten und Freunden gegenüber oft beteuert. Nein, beim Gedanken an den Ruhestand mache sie sich ausschließlich Sorgen um *ihn*. *Ihr* persönlich, also ihr als Frau, mache sein Berufsende nichts aus. Gar nichts. Schon deshalb nicht, weil sie ihn ja bereits ein halbes Leben lang „nur so, als Mensch" geliebt habe. Das ist auch ein bisschen gelogen.

So ganz ohne Berufsbezeichnung und Amtstitel, nur noch selten in Anzug und Krawatte, nie mehr mit Laptop-Tasche über der Schulter zu ihr hinauf winkend und dann von genau diesem Bürgersteig mit dem Dienstwagen davonbrausend – also da ist er schon, nun ja, wie soll man sagen, *ein bisschen weniger* geworden. Er *macht jetzt* ein bisschen *weniger her*. Nicht als Mensch natürlich, das nicht, aber als ... Mann.

Eine der Eigenschaften, für die sie ihn liebte, war die, dass er im Beruf geschätzt, belohnt und belobigt, manchmal sogar ein wenig bewundert wurde. Von Vorgesetzten, von Kollegen, von Kunden und Geschäftspartnern. Jetzt fällt ihr auf, dass möglicherweise *sie* die Einzige ist, die seine Leistungen noch zu schätzen weiß, sie belohnen und belobigen könnte. Von Kindern und ein paar nahen Freunden mal abgesehen.

Sie hat seinen beruflichen Ärger zu Hause abgefedert, sie hat Misserfolge mit erlitten, sie hat Pflichttermine mit ertragen und berufliche Vorteile mit genossen. Wenn ihm der Chef anerkennend auf die Schulter klopfte und der Abteilungsleiter zum Geburtstag ein kleines Präsent überreichte, fehlte nie der Spruch „Hinter jedem erfolgreichen Mann steckt eine starke Frau". Eine ausgeleierte Binsenweisheit, sicher. Fünf Euro ins Phrasen-Schweinchen. Aber ein bisschen gefreut hatte es sie schon. Da ist es doch bitte schön nicht verwunderlich oder verboten, dass sie auch ein kleines Stück ihres eigenen Ehrgeizes auf *ihn* übertragen hat, oder? Sollen die

Psychologen das doch „komplementären Narzissmus" nennen, so oft sie wollen.

Einen Rest „komplementären Narzissmus" gibt es übrigens auch bei *ihm*: Wenn er die Frage, wann und wie lange Freunde besucht oder eingeladen werden sollen, nach dem sozialen Prestige dieser Freunde priorisiert. Wenn also für berufstätige, wohlhabende, angesehene, einflussreiche, sagen wir „vorzeigbare" Freunde mehr Zeit eingeräumt wird als für die „bucklige Verwandtschaft". *Sie* bemerkt eine solche unbewusste Rankingliste der Kontakte erst, wenn sie hört, wie ihr Mann Dritten gegenüber von diesen Kontakten erzählt. Bei Telefonaten z. B., die ja neuerdings ganztägig im ganzen Hause stattfinden und nicht mehr hinter geschlossenen Bürotüren. Wenn sie spürt oder zu spüren meint, dass da manchmal ein klein wenig Angeberei mitschwingt, wen er alles kennt und von wem er noch gekannt wird ...

Wenn am Abend dieses Alt-Tages der Bürgersteig rankenpflanzenfrei und die Kompost-Tonne von innen trocken ist; wenn irgendwas „schnell warm gemacht" wurde und die beiden am Esstisch sitzen – dann könnten sie sich über solche kleinen Kränkungen unterhalten. Dass *er* sich von ihr manchmal „klein gemacht" fühlt. Obwohl, paradoxerweise, *sie* sich ihn „größer" wünscht. Großzügiger vor allem. Souveräner.

Die beiden könnten jetzt große Substantive deklinieren: Würde, Respekt, Achtung. Das kostet Überwindung, klar. Denn derjenige, der so was einfordert, ist immer in der schwächeren Position. In der Rolle der beleidigten Leberwurst, die doch bitte schön mehr „gewürdigt" werden möchte. Ach Du liebes bisschen. Vielleicht sollte man Würde, Respekt und Achtung gar nicht einfordern müssen, sondern sie vorher bereits geschenkt bekommen. „Zuvorkommend" im Wortsinn bzw. in dem Sinne, wie der kluge Ex-Rabbiner und frühchristliche Theologe Paulus aus Tarsus es empfohlen hat. „Einer achte den anderen höher als sich selbst."[14]

Wäre ein Gespräch darüber zu heikel? Ist die in Hochglanzmagazinen so viel gepriesene „neue Entspanntheit im Ruhestand" bei vielen Paaren tatsächlich nur hauchdünnes Eis?

Es gibt einen Unterschied zwischen „heilsamer Ehrlichkeit" und „schonungsloser Offenheit". Ich mag das Wort „schonungslos" nicht, weil man Menschen mit wackligem Selbstwert nicht den Kopf waschen kann und wenn, dann nur im Schongang. Aber „ehrlich" werden miteinander muss ja nicht automatisch „verletzend" sein und könnte mit einer selbstkritischen Frage der beiden an sich selbst beginnen: Glaube ich meinem Partner, was ich höre? Oder höre ich vom Partner nur, was ich glaube?

Bevor jemand in schlaflosen Nächten daran denkt, eine Trennung vorzuschlagen, hilft vielleicht ein nüchterner Blick auf Zahlen und Fakten: Männer sterben zwar im Durchschnitt sieben Jahre früher als Frauen, aber die Sterberate von Witwern und Alleinlebenden ist fast doppelt so hoch wie die von gleichaltrigen verheirateten Männern. „Selbst eine unbefriedigende Ehe ist ein besserer Schutz gegen Depressionen als die Alterseinsamkeit."[15]

Kapitel 6
Jürgen, der Pfandraiser

„Kannste nich meckan, wa", sagt der alte Mann und fingert zwei Literflaschen Cola aus dem Mülleimer. Rechts und links seines Fahrradlenkers baumeln bauchige ALDI-Tüten mit leeren Glas- und Plastikflaschen. Die Satteltaschen sind gestopft voll, die gespannten Schultergurte seines Rucksacks lassen vermuten, dass auch der schwer sein muss. Um den stoppelbärtigen Hals trägt der vielleicht Sechzigjährige eine schmale schwarze Halogen-Taschenlampe am Lederband, die Hände stecken in Arbeitshandschuhen. Auf dem blauen T-Shirt steht in Brusthöhe „I am a virgin". Bei genauem Hinsehen entdecke ich darunter die klein gedruckte Zeile „This is a very old T-Shirt". Er freut sich, als ich darüber lache.

Weiter hinten auf dem Bahnhofsvorplatz plötzlich heiseres Gegröle. Ich nehme es als Anlass zu der Frage, warum Fans des ehemals glorreichen 1. FC Kaiserslautern die Fans von Mainz 05 hassen. Der Pfandmann zieht die Schultern hoch: „Wie Schalke und Dortmund ehm." Und woher sein Berliner Akzent, hier, mitten in einer pfälzischen Stadt? „Det verlierste nich." Ob ich ihn beim Flaschensammeln ein paar Straßen weit begleiten darf, höchstens eine halbe Stunde?

Da habe ich unsere kurz aufgeflammte Verbundenheit und sein Lächeln wohl etwas überstrapaziert: „Nee, ma bessa nich", sagt er. Die heutige Tour sei eh zu Ende und, nee, Ärger gäbe es zwar nicht mehr, seit die die guten Plätze aufgeteilt hätten, aber trotzdem – nee.

„Wer ist ‚die'?", will ich wissen. Die, die Bahnsteige und Bahnhofsvorplätze, Bushaltestellen, Kioske und Sportplatzausgänge, Freibäder, Kaufhauspassagen und Fußgängerzonen untereinander aufgeteilt haben wie Erntefelder oder Jagdreviere? Er druckst unwirsch herum. Wenn ich seine Halbsätze richtig interpretiere, gibt es „arme Schweine, die sonst nüscht ham" – Wohnsitzlose, vermute ich –, dann gibt es „Vabrescha", die Bahnreisende anbetteln, wahllos überall Pfandflaschen sammeln und jedem Prügel androhen, der das Gleiche tut; und es gibt „janz Normale". Ganz normale alte Menschen wie er eben.

Wie normal ist es, auf diese Weise Geld verdienen zu müssen? Aber da kneift er schon die Augen zusammen, als hätte er meine Gedanken erraten: „Obwohl, ick müsste ja nich, wa."

Das scheinen ihm die anderen anzusehen. Dass er eigentlich nicht müsste. Seine braune Lederjacke über dem blauen T-Shirt, das 10-Gang-Fahrrad, die tadellosen Turnschuhe – vielleicht wird er bei seinen Streifzügen ja doch mal angepöbelt und will dann keinen Zuschauer bei sich haben, denke ich mir. „Sie müssten eigentlich gar nicht Flaschen sammeln?", hake ich nach. „Nee. Bin ja so ne Art Rentna und jeh arbeeten."

Als er das gesagt hatte, war ich neugierig geworden und hatte die Katze aus dem Sack gelassen: Dass ich zwar gerade durch ein berüchtigtes Umsteigeloch im Fahrplan der Deutschen Bahn gefallen sei und nun 70 Minuten Aufenthalt hätte, andererseits für ein Buch über die Lage älterer Männer recherchierte und die Zeit gern nutzen würde. Er hatte den Kopf geschüttelt und abgewinkt, war aber stehen geblieben. Wenn ich seinen Namen verfremden und die Stadt nicht nennen würde, dürfe ich ihn irgendwann mal an seinem Arbeitsplatz besuchen, versprach er mir, kramte ein veraltetes Smartphone aus der Jacke und gab mir seine Nummer.

Dass es Rentner gibt, die reicher sind, als sie sich selbst fühlen, kann man im Reisebüro, im Autohaus und beim Notar feststellen: 80 % aller Kreuzfahrten werden von Menschen ab 50 gebucht und wenn rund 22 Millionen Rentner pro Jahr und Person 970 Euro für Reisen ausgeben[16], bestreiten die alten Leute damit mehr als 60 % des jährlichen Gesamtumsatzes der deutschen Tourismusbranche. 80 % aller Neuwagen werden von über 50-Jährigen gekauft. Und was an Grundstücken, Häusern, Eigentumswohnungen, Kunstwerken und sonstigen Sachwerten von den ganz Alten zu den jungen Alten wechselt, geht auf keine Kuhhaut.[17]

Dass es Rentner gibt, die sich ärmer fühlen, als sie tatsächlich sind, sagt uns der „Altenbericht der Bundesregierung" seit 1993 in jeder Legislaturperiode aufs Neue: „Arm" ist nach den Kriterien der Organisation für wirtschaftliche Zusammenarbeit und Entwicklung, OECD, und nach den statistischen

Erhebungen der Europäischen Union zu Einkommen und Lebensbedingungen, EU-SILC, jeder, der nach Abzug von Steuern und Sozialabgaben finanziell weniger zur Verfügung hat als 60 % des bedarfsgewichteten mittleren Einkommens seines Landes. „Armutsgefährdet" sind Einzelpersonen in Deutschland ab monatlich 929 Euro Nettoeinkommen abwärts und Paare ohne Kinder mit weniger als 1172 Euro monatlich. Pi mal Daumen einen Tausender im Monat – den hatten aber 560 000 der über 65-Jährigen im Jahre 2019 *nicht.* Und das Deutsche Institut für Wirtschaftsforschung vermutet jährlich neu, dass deren Zahl langsam, aber spürbar nach oben klettern würde, wenn die deutsche Standardrente von 1487 Euro auf jene 813 Euro sinkt, die als sozialhilfeartige „Erwerbsmindestrente" jedermann und -frau zusteht.[18]

Entgegen anderslautender Schreckensschlagzeilen in den Boulevardzeitungen muss trotzdem hierzulande niemand hungern und frieren: Diese „Grundsicherung" gibt's vom Staat auf jeden Fall, aber: Selten mehr als 2, 5 % der über 65-Jährigen nahmen sie bisher in Anspruch.

„97,5 % aller Ruheständler haben eine ausreichende Versorgung!", meinte Ursula von der Leyen vor Jahren vollmundig[19], als sie noch Arbeits- und Sozialministerin war. Diese Behauptung war höchstens halb richtig, denn eine unbekannte Zahl von Menschen, die lebenslang in Niedriglohnjobs gearbeitet hatten, bekommen aus ihren dürftigen Rentenbeiträgen kaum mehr als das, was der Sozialstaat als Stütze garantiert. *Dass* er die garantiert, sollte man weder den Regierenden noch den Empfängern zum Vorwurf machen. Die Ungerechtigkeit, dass jemand, der gearbeitet hat, im Alter genauso arm dasteht wie jemand, der nicht arbeitete – die *muss* man dem Gesetzgeber zum Vorwurf machen. Wird die qualvoll spät und erst unter dem Beschleunigungsdruck der Coronakrise 2020 beschlossene „Grundrente" das in Zukunft zurechtrücken?

Jürgen hat im Moment mit ganz anderen Gerechtigkeitslücken zu tun. Ich finde ihn Monate später an einem Samstag punkt zehn Uhr in jenem planierten, zersiedelten Niemandsland, das weder Wohnviertel noch Dorf noch Landschaft ist. „Vor den Toren der Stadt" hieß das früher; heute als „Gewerbegebiet" ausgeschildert: Ein umzäuntes Areal von etwa 10 000 Quadratmetern ist offiziell der „Grünabfallsammelplatz und Wertstoffcontainerhof" – das Navi frisst solche Ziele nicht. „Abfallwirtschaftsbetrieb" steht hinten auf Jürgens leuchtend orangener Signalweste. Um seinen Hals hängt diesmal keine Taschenlampe, sondern eine Trillerpfeife und mit der Rechten stützt er sich auf eine Forke. Eine Autoritätsfigur, zweifellos. Jetzt ist mir auch klar, warum er einem zweiten Treffen zwischen uns zugestimmt hat: Jürgen ist stolz, dass er hier aushilfsweise arbeitet.

Fünf Stunden jeden Sonnabend kontrolliert er, dass wirklich nur Grünabfall und Wertstoffe entsorgt werden. Also kein Plastik, keine Chemikalien, keine Datenträger oder Batterien. Das sehen nicht alle ein, die bis hier herausgefahren sind, und machen ihn, den Grundsicherungsrentner mit Minijob, für die akribischen Bestimmungen des Landratsamtes verantwortlich. Das findet Jürgen ungerecht, weil doch alles im

„Müll-ABC" steht. „Schwarz uff weiß, sehen Se" und „Moment, junger Mann" – so was sagt Jürgen oft während dieser Stunden.

Sechs Container für Papier und Kartonagen, drei Altglascontainer, zwei abgestellte Lkw-Auflieger für Metallschrott und ein kleinerer für Styropor stehen auf dem Gelände. Aber keiner für Elektroschrott, alte Bildschirme und Ähnliches. Jürgen lässt mich stehen und steuert auf einen Audi A6 zu, dessen Fahrer genau dies von der Rückbank holt: ein Kofferradio, ein Bügeleisen und eine Computer-Tastatur. Er muss sie wieder mitnehmen, darf aber stapelweise gefaltete Kartonpappe in den ersten geöffneten Container werfen. Jürgen drückt sie mit der Forke bereitwillig nieder. „Riesling" lese ich noch von Weitem auf einem der Kartons, als ein BMW X1 mit einachsigem Anhänger auf den Platz fährt und hochgetürmtes Astwerk mitbringt.

Erst jetzt bemerke ich vier große Hügel im hinteren Teil des Platzes: einen wüsten Haufen grüner Baum- und Busch-Abfälle, einen kleinen Berg grob gehäckselter grünbrauner Pflanzenreste sowie zwei Haufen unterschiedlich brauner Erde. Fachkundig erklärt mir Jürgen, dass der Grünschnitt zunächst grob und nach einer gewissen Lagerungszeit fein gehäckselt werde. Heraus käme unerhitzte, also noch Unkraut enthaltende, und erhitzte, leicht übersäuert gedüngte Erde. „Virzisch Liter, zwee fuffzich der Sack." Verstehe. Die Leute bringen Grünschnitt her und nehmen Blumenerde mit.

Wieder spurtet Jürgen los. Aus dem winzigen Kofferraum eines Sportcabrios zieht eine Frau einen gelben Sack hervor, der ganz offenbar mit Gras gefüllt ist. Jürgen kann gerade noch verhindern, dass sie ihn ausleert, denn – wie ich später erfahre – gemähtes Gras verstopft den Häcksler, gärt und fault und suppt schließlich ins Grundwasser des unbefestigten Containerhof-Bodens.

In der Zufahrt des Platzes hat sich ein Stau gebildet, weil der BMW-Fahrer beim Rückwärtsrangieren mit Anhänger etwas, nun sagen wir, raumgreifend quer steht. Ich schaue die kurze Autoschlange entlang: Daimler A-Klasse, Daimler R-Klasse, Audi Kombi, VW Tiguan mit getönten Scheiben, cremefarbene Premiumkarossen asiatischer Provenienz. Im Laufe der folgenden Stunde sehe ich noch einen Porsche Cayenne, zwei blaue Volvo Kombi und einen Daimler Viano. Wenn's keine „Sport Utility Vehicles" und andere hochgebockten Citytraktoren sind, dann sind es immer noch Limousinen, bei denen die Heckklappe per Knopfdruck von innen aufgeht.

Na klar: Wer zu Hause mehr Grünschnitt entsorgen muss, als in die Biotonne passt, besitzt einen Garten. Und für alles andere ein Auto mit Stauraum. Es sind die Bessergestellten, die hier draußen aufkreuzen. Mehrheitlich jedenfalls. Zwei, drei Weinbauern auf Traktoren mit großen Anhängern sind dabei, ja, es fahren auch ein paar kleine Seats und rostige Polos vor, aus denen junge Männer die Reste der letzten Party schwungvoll in den Altglascontainer pfeffern, sicher. Häufiger aber begrüßt Jürgen mit gnädigem Kopfnicken füllige Herren in kakifarbenen Chino-Hosen, Polo-Shirts und italienischen Slippern, die – mal freundlich fragend, mal kurz angebunden – nach dem richtigen Container für ihr richtig schweres

Altmetall fragen. Diese Gutsituierten sind darüber hinaus auch mehrheitlich über 50, soweit man das raten kann. Die Jugend, samstags um halb zwölf, schläft wahrscheinlich noch.

„Siem", sagt Jürgen, zieht die Augenbrauen hoch und lächelt. „Siem Euro bis jetzt. Jut, wa?" Manche geben Trinkgeld. Soweit ich es beobachten konnte eher Damen als Herren. Aber denen hilft Jürgen ja auch öfter beim Ausladen und Abwerfen sperriger Gegenstände. Überhaupt – für einen Platzwart mit landratsamtlichen Kontrollbefugnissen ist Jürgen erstaunlich gelassen. Lenkt das Geschehen mit Lässigkeit, erteilt Verbote stets mit Begründung, schaut den Angeredeten ins Gesicht. Es ist eine ruppige Freundlichkeit, nun gut, mehr lässt die Berliner Mentalität nicht zu. Aber Jürgen ist kein schikanöses Ekel. „Obwohl ick schon Damenbinden und tote Wellensittiche ausm jelben Sack jezogen hab, wat meenste."

Mir geht ein Licht auf: Auf diesem „Grünabfallsammelplatz und Wertstoffcontainerhof" hat ja ein Pfandflaschen sammelnder alter Mann mit winziger Rente für fünf Stunden pro Tag Macht über Menschen! Er ist hier buchstäblich der Platzhirsch und genießt das. Aber – er beschimpft die dusselig rangierende Frau am Steuer nicht. Er lacht auch nicht über den feinen Pinkel, der umständlich Pflanzerde in einen Plastiksack schaufelt und sich dabei komplett einsaut. Jürgen schüttelt den Kopf, Jürgen flucht leise, aber – Jürgen beschämt niemanden laut und von oben herab.

Umgekehrt gibt es auch nur wenige, die im Gutsherrengestus aus ihren SUVs steigen und den kleinen Quittungsbon über 2,50 Euro für 40 Liter Erde verächtlich zerknüllen, wenn

Jürgen ihn ordnungsgemäß überreicht hat. Nein, manche Pfälzer begrüßen ihn schon aus dem offenen Autofenster, manche halten ein kurzes Schwätzchen mit ihm, ein Mann im „Bayern"-T-Shirt beglückwünscht ihn sogar zum Aufstieg von Hertha BSC. Mag sein, weil sie wissen: Mit dem Vertreter des Abfallwirtschaftsbetriebs muss man sich gut stellen, sonst nimmt man die Hälfte der Ladung wieder mit. Es mag aber auch sein, dass hier für jeweils ein paar Minuten einfach nur ein Stück Menschenfreundlichkeit aufblitzt. Über vermeintliche und tatsächliche Gerechtigkeitslücken und über kleine und große soziale Ungleichheiten hinweg.

„Uffm Tüsch!", sagt Jürgen und weist mir mit einer Kopfbewegung nach links hinten den Weg zu seiner Thermoskanne. „Betriebsraum" steht über der Tür zu der kleinen Holzhütte mit Stuhl, Tisch, Spind und Klo. Die Kanne ist offen, der Kaffee ist also kalt. Jürgens einzige Tasse wurde das letzte Mal gespült, als Kohl noch Kanzler war.

Er kommt auf eine Zigarettenpause hinter mir her, weist aber schon meine ersten vorsichtigen Fragen nach seinen persönlichen Lebensumständen knurrig ab. Wo ist die Frau, gibt es Kinder, was war sein früherer Beruf? „Nee, lass ma." Ob er sich, Hand aufs Herz, beim Flaschensammeln manchmal schämt und mich deshalb nicht mitnahm, damals, am Bahnhof? „Nee, wieso denn? Müsste ja nich. Isn Zubrot." Ob er mit dem Geld auskomme? „Für Essen und Wohnen reichtet. Für Klamotten von KiK oder secondhand ooch." Und sonst? „Wie, sonst?"

Ich wüsste gern, ob er Freunde hat und was er mit denen wo und wie oft unternimmt. Ob er verreist, was er gern liest oder hört oder sieht. Ob er das hat, was Sozialpolitikerinnen und Wahlkämpfer „Teilnahme am kulturellen Leben der Gesellschaft" nennen. „GEZ brauch ich nich zahln", sagt Jürgen. Er hat die Befreiung von Rundfunkgebühren erfolgreich beantragt. „Und ahms zisch ick mir ne Molle."

Da ist es! Das gängige Klischee vom Rentner in Altersarmut, der allabendlich Bier trinkend vor der Glotze sitzt. Dass Jürgen andere Lebensmöglichkeiten offenbar nicht vermisst, ist kein Grund, sie ihm politisch vorzuenthalten. Freiheit ist die Freiheit der Wahlmöglichkeiten und viele hat er nicht, sieht sie nicht oder will sie nicht. Gegen die finanziellen und sozialen Grenzen seines beengten Lebensraums kann er vulgär wettern. Er wird aber nie wirklich dagegen revoltieren. Die „sozialen Unruhen", von denen im Umfeld der Partei „Die Linke" vor Jahren gefaselt wurde, finden nicht statt. Jemand wie Jürgen würde weder Autos abfackeln noch Häuser besetzen.

Wenn er beim Pfandflaschensammeln an den erleuchteten Fensterfronten schicker Edelrestaurants vorbeigeht, drückt er nicht seine Nase an der Scheibe platt wie die verarmten Fischer von Balbek in Marcel Prousts Roman „Auf der Suche nach der verlorenen Zeit". Anders als sie denkt er auch nie daran, „dieses Aquarium einfach mal umzukippen".

Ob er wählen geht? Jürgen lacht kurz auf und drückt die Kippe aus: „Nee, höchstens zur Kommunalwahl. Wegem Landrat, vaschtehste?" Ich verstehe. Steht ja hinten auf seiner Weste drauf. Der Arbeitgeber seines Minijobs. Haben die Rechten jemals versucht, Jürgens Prekariat in Wut auf die Demokratie und Hass gegen Ausländer umzuwandeln? Würde er mitgrölen, wenn die AfD-Granden im Wahlkampf nationalistische Hetztiraden anstimmen? Nie im Leben, schüttelt Jürgen den Kopf. Nicht Flüchtlinge machen ihm die Pfandflaschen streitig, sondern Deutsche. Was erwartet er dann von den Parteien? „Wennse die scheiß Zuzahlungen kippen würden für allet, wattie Krankenversicherung nich zahlt. Die Hälfte von't Vorsorge zahlste ja selba. Aba det ändert ja keene Partei."

Vor meinem geistigen Auge kehren die Trinkgelder, die Jürgen hier zugesteckt bekommt, als private Zusatzleistungs-Gelder wieder in jene Arztpraxen zurück, aus denen sie stammen.

Politisch lebt Jürgen eine Art pragmatische Apathie. Zynisch finde ich nicht ihn, sondern eine Sozialpolitik, die von rundum versorgten Rentnern schwärmt. Dass geschätzt rund 750 000 Rentner in Minijobs arbeiten, ist ja nicht nur ein fröhlicher Ausdruck ihrer Vitalität. Über 13 Millionen Menschen in Deutschland leben in solchen und ähnlichen Verhältnissen. Nicht bettelarm, aber auch nicht abgesichert. Die Zahl der Leih- und Zeitarbeiter, Niedriglohnjobber, Praktikanten und Scheinselbstständigen hat seit 1996 um 53 % zugenommen. 1, 4 Millionen der rund 5 Millionen Menschen, die Arbeitslosengeld II beziehen, waren schon vor der Coronakrise „Aufstocker", um ihren Lebensunterhalt bestreiten zu können.

Beklagen sie das – empfinden sich also als „arm" und sagen es auch laut –, wird ihnen schnell vorgerechnet, dass auch für die Mittelschicht das Leben kein Zuckerschlecken sei und alles nur eine Frage der Kosten-Einkommens-Relation. Beklagen sie das nicht – wie Jürgen z.B. – werden sie schnell als Beispiele gelungener Sozial- und Arbeitsmarktpolitik vereinnahmt. Also sagen sie am besten nichts.

Es mag für Politiker schwer sein, „Armut" zutreffend zu definieren, Sozialgesetze so zu formulieren und Transfergelder so zu steuern, dass den Richtigen geholfen wird. Es mag für Wohlhabende leicht sein, die Fähigkeit der Armen, sich mit ihrer Lage zu arrangieren, als Einverständnis oder Zufriedenheit zu missdeuten. Es müsste aber doch gerade den Kreuzfahrt- und Neuwagenkauf-Rentnern, den älteren Gutsituierten, möglich sein, die soziale Isolation ärmerer Gleichaltriger zu durchbrechen. Einfach, weil sie tatsächlich mehr Zeit haben (als ein berufstätiger junger Vater z.B.), weil sie sich ehrenamtlich in Vereinen und Gemeinden für Bedürftige und Benachteiligte einsetzen könnten; weil sie von ihrer Lebenserfahrung her geübter sein könnten im Umgang mit Menschen, die „anders ticken" als sie selbst und – weil sie wissen müssten, wie bitter es ist und wie wütend es macht, aus den Augenwinkeln bemitleidet oder verachtet zu werden.

Zehn Minuten nach Ende der Öffnungszeit des Wertstoffhofes, als Jürgen ein paar säumige Pappe-Entsorger hinauskomplimentiert und das große Tor mit einem riesigen Vorhängeschloss von außen verriegelt hat, erzählt er mir dann doch etwas mehr. Nicht etwa von sich, aber von einem arbeitslosen Bekannten. Der mit Ende 40 geschieden wurde, mit 53 noch mal geheiratet hat und dessen zwei Stiefsöhne, die seine Frau mitbrachte, nach ihrer Ausbildung ins Ausland wollen. Dabei ist seine Tochter aus erster Ehe – so um die 30 – gerade mit Kind wieder bei ihm eingezogen.

Im Vergleich zu diesem Bekannten gehe es *ihm* ja noch gold, sagt Jürgen und tätschelt mit der rechten Hand seine Hosentasche, in der das Trinkgeld klimpert. Da kannste nich meckan, wa.

Kapitel 7
Rente sich, wer kann

Wenn Ihnen ein Kaffeetrinken mit den lieben Verwandten zu langweilig geworden ist, ein Small Talk unter Kollegen zu verkrampft-locker, ein Gespräch am Stammtisch zu oberflächlich – werfen Sie das Wort „Rente" in die Runde. Einfach so. Kann man völlig zusammenhanglos machen: „Na ja, schön und gut, aber die Rente …"

Sie werden staunen, was passiert. Hochspannung baut sich auf, entlädt sich in erstem Donnergrollen hie und da. Und dann – als hätten Sie eine Flasche chemischen Brandbeschleunigers auf die Tischkerzen gesprüht – lodern Flammen der Empörung empor, Blitze der Entrüstung leuchten auf. Manchmal entsteht eine Art Wetteifer darum, wer der Betrogenste aller Betrogenen ist, wem am meisten Unrecht getan wurde oder noch getan werden wird; wer jetzt „dumm dasteht", obwohl er so klug und vorsorglich „ein Leben lang" fleißig und gesetzestreu war.

Die New Yorker Gerontologen Steven M. Albert und Maria Catell haben Ende der 90er-Jahre festgestellt, dass es unter weltweit 95 Naturvölkern noch 20 Volksgruppen gibt, die ihre alten Leute umbringen. Irgendwo aussetzen, verhungern, verdursten oder erfrieren lassen. Weil die Nahrung knapp ist (in Wüsten z. B.), weil sie die Wanderungen nicht mehr schaffen (in Steppen und Gebirgen z. B.) oder weil die Energieressourcen begrenzt sind (am Nordpol z. B.). Im Vergleich zu denen geht es uns noch gut, zugegeben, aber unsere Rente – na, na, na, wer weiß.

Da jeden Monat irgendeine „alarmierende" Statistik in der Boulevardpresse steht und mit der Alterung der Gesellschaft (sagen Sie „Über-Alterung" nur, wenn Sie 100 Meter Vorsprung haben) auch die Zahl der publizierten wissenschaftlichen Studien von Alters-Experten exponentiell angestiegen ist, sitzen natürlich ausnahmslos Experten am Tisch. Und wenn sich dann herausstellt, dass jede und jeder dank des Internets und persönlichen Anlage-Beraters auch noch Experte seiner *eigenen* Rentenansprüche ist, kann der Sturm der Entrüsteten eventuell sogar wieder in eine sachliche Schönwetterperiode des Gesprächs münden.

Es hat was Pubertäres, finde ich. Dieses kollektive „Ihr-behandelt-mich-ungerecht-Geheul." Pubertät ist die Lebensphase, in der mein Körper plötzlich macht, was er will; in der mich Gefühle überrollen, die mein Verstand missbilligt; in der mein Selbstwertgefühl wackelt und von der Beurteilung anderer extrem abhängig ist; in der meine Identität unklar und meine neue Rolle in Familie und Gesellschaft noch nicht gefunden ist. Ähnlichkeiten mit Menschen im Übergang zur dritten Lebensphase sind rein zufällig …

Am 9. März 2007 beschloss der Bundestag, das Renteneintrittsalter schrittweise auf 67 Jahre anzuheben. Momentan gilt das für alle, die nach 1964 geboren wurden. Jahrzehntelang hatten Regierende und Gewerkschaften genau das Gegenteil gefordert und eine Herabsetzung des Rentenalters gelobt, weil man sich davon mehr freie Arbeitsplätze für nachrückende Junge erhoffte. Mit 65, mit 63, mit 62 – die Selbstverständlichkeit, mit der „Vater Staat" allen seinen Landeskindern gleichermaßen vorschrieb, wann sie zu „gehen" hatten, wirkt heute seltsam antiquiert. Aus einer Zeit stammend, als Broterwerb nur saure Pflicht und Ruhestand das Ziel aller Träume gewesen sein muss.

Die sehnsuchtsvolle Frage „Und? Wie lange musst Du noch?" wollten die Sozialdemokraten dem hustenden Bergbaukumpel und die Christdemokraten der entnervten Lehrerin mit immer früheren Renteneintrittsterminen beantworten können. Für die Roten galt die Vorstellung aus der alten Arbeitswelt, ein lohnabhängiger Malocher mache nichts lieber als Feierabend. Am besten für immer bei voller Lohnfortzahlung. Für die Schwarzen galt die Vorstellung aus dem alten Preußen, alle Menschen wären am liebsten Beamte. Mit heiligen Schalterschließzeiten bei garantierter Pension. (Kurt Tucholsky: „Der Albtraum jedes Deutschen: Vor einem Schalter zu stehen. Der Traum jedes Deutschen: Hinter einem Schalter zu sitzen.")

Dass sich die Arbeitswelt, die Produktions- und Kommunikationsmittel, die wirtschaftlichen Gegebenheiten, die öffentliche Kultur, die private Lebenswelt und schließlich das

Selbstverständnis der Berufstätigen im 21. Jahrhundert radikal gewandelt haben – das scheint vielen Bürokraten hinter ihren Paragrafen, Formularen und Amtsbescheiden entgangen zu sein.

Wenn Sie diesen Satz unhöflich finden, betreten Sie mal die Parallelwelt einer Sozial- oder Finanzbehörde. Es soll sie mancherorts noch geben: die Stechuhr. Sie allein definiert Arbeit und Freizeit. „Klack, ab jetzt ist Arbeit. Klack, ab jetzt ist Feierabend. Dienst ist Dienst und Schnaps ist Schnaps."[20] Ein Paternoster macht spannend ansichtig, wer kommt und wer geht. Auf den Fluren riecht es nach Bohnerwachs, in den „Amtsstuben" nach Staub auf vergilbten Mappen. „Wer in Frankfurt abends durchs Bankenviertel radelt, sieht noch viele helle Fenster. Im Kölner Rheinau-Hafen, wo große Computerfirmen sitzen, ist auch sonntags die Kantine offen. Zu den wenigen Gebäuden, die definitiv werktags Schlag 17 Uhr dunkel sind, gehört das Finanzamt. Das sei den Angestellten dort gegönnt, denn ihre Arbeit ist hart und wird schlecht bezahlt. Aber in der Zeitung könnten sie lesen: Die meisten Deutschen arbeiten heute zeitlich flexibel."[21] Das gilt nicht nur für die Wochen-, sondern auch für die Lebensarbeitszeit.

Dass diese Beobachtung nicht überall angekommen ist, zeigt die zweite seltsame Eigenart unserer Rentengesetzgebung: Wer *vor* dem gesetzlich festgelegten „Eintrittsalter" aus dem Berufsleben geht, verliert 0,3 % seiner Rentenansprüche pro Monat, d. h. 3, 6 % pro Jahr. Wirft jemand z. B. drei Jahre vor dem regulären Schlussgong das Handtuch, bekommt er bis zu seinem Tode jeden Monat (!) 11 % weniger als die gesetzlichen 60 % vom letzten Nettogehalt. Lebt also künftig von weniger als der Hälfte seines früheren Gehalts. War jemand 35 Jahre lang eine Granate seines Fachs, das Faktotum seiner Firma, das Working Horse of the Farm? Oder eine Fehlbesetzung, ein Dünnbrettbohrer, der Erste beim grippalen Unwohlsein? Ob er gerackert oder sich gedrückt hat – ist alles wurscht, sobald er ab 60 auf die Zielgerade einbiegt. Entscheidend sind allein die letzten Meter.

Erst diese Voraussetzung lässt manche „Alten" in einer Firma so verbissen um jeden Monat feilschen. Selbst dann, wenn ihr Betrieb groß genug für eine betriebliche Altersvorsorge und sie selbst wohlhabend genug für eine private Rentenversicherung waren.

Erst dieser Umstand macht verstehbar, warum einerseits 95 % der damals 60-Jährigen die „Rente mit 67" strikt ablehnten[22] (obwohl es sie selbst noch gar nicht betraf) – andererseits aber jede Form von staatlicher „Zwangsverrentung" von sich wiesen und lieber selbst bestimmen wollten, wann Schluss sein soll. Immerhin: Die 2014 eingeführte abschlagsfreie Rente mit 63, wenn man mindestens 45 Beitragsjahre vorweisen kann, ließ 2019 knapp 244 000 Deutsche „früher" gehen, als sie hätten gehen können, müssen oder sollen (je nachdem, wen man fragt).

Dass diese „eigene" Entscheidung keine einsame ist, nicht mal eine rein finanziell motivierte, sondern von den Knochen, den Muskeln und der Konzentrationsfähigkeit maßgeblich mitentschieden wird, sagen sie freilich nur leise und nicht im pathetischen Empörungsgestus. Gern und oft erwähnt werden die Dachdecker und Bauarbeiter, deren Rücken mit 60 kaputt sind. Selten zitiert wird die „Assistentin der Geschäftsleitung", deren Nerven durch monatlich neue Software-Updates, Apps, Zugangs-Codes, Passwort-Resets, Datenschutzparagrafen, Viren, Trolle und Trojaner zu Ende strapaziert sind. Lernwillige, aus- und fortgebildete Leute, die aber eine Hutschnur, einen Geduldsfaden und einen Kragen besitzen ...

Diesen Digitalisierungs-Ermatteten nützt es wenig, wenn ihnen Hochglanzmagazine erzählen, dass Michelangelo mit 71 anfing, die Decke der Sixtinischen Kapelle auszumalen; Immanuel Kant seine „Metaphysik der Sitten" mit 73 und Theodor Fontane seine Erzählung „Effi Briest" mit 70 schrieb; dass Thomas Edison mit 83 noch ein Patent anmeldete und Konrad Adenauer mit 85 zum vierten Mal Bundeskanzler wurde.

Es gibt viele Gründe, warum Berufstätige bis 65 oder 67 weder durchhalten können noch wollen. Es gäbe aber ebenso viele Gründe, ihre Erfahrung, ihre Routine, ihre soziale Kompetenz und ihre „Soft Skills" des menschlichen Umgangs weiterhin wirtschaftlich nutzbar zu erhalten.

Und die Arbeitgeber? Wenn sie nicht gerade „Staatsbetriebe" leiten, haben sie schon längst vorausgesehen, dass es Unsinn ist, einen großen Teil der Belegschaft gemeinsam alt werden zu lassen und dann geschlossen in Rente zu schicken. Betriebsinterne Regelungen, die früher „Vorruhestand", heute „Altersteilzeit" heißen – kurz: verzuckerte Frühabgänge, versilberte Landeklappen –, sollen jene Gelder und jene Arbeitsstellen freischaufeln, die man dann in junge Kräfte stecken kann.

Auch hier steht ein leicht entflammbares Tischfeuerwerk der Empörung neben der Kaffeetasse: weil die Damen und Herren Konzernlenker dies nicht immer tun, sondern Ältere „entsorgen", *ohne* Jüngere einzustellen. Eine kritikwürdige, aber offenbar unvermeidliche Nebenwirkung des flexiblen Rentenbeginns.

Was unterscheidet die in den „Wechsel"-Jahren befindlichen Rentenanwärter mit ihrem selbstmitleidigen Ärger vom zornigen Protest der Pubertierenden? 14-Jährige denken nicht an Gestern, sondern nur an Morgen und ändern ihre Haltungen schnell. 65-Jährige denken in historischen Prozessen, erinnern sich noch gut an alles, was mal war, und ändern ihre Haltung nur langsam oder gar nicht mehr.

Der gesetzliche Rentenversicherungsbeitrag vom Bruttolohn eines Arbeitnehmers wurde zwischen 1960 und dem Jahr 2000 elfmal erhöht; schon vorher hatte die Regierung Adenauer oft und beherzt in den Rententopf gegriffen, um z.B. den Aufbau der jungen Bundeswehr zu finanzieren. Etwa zwei Dutzend Mal wurde am Rentensystem herumgeschraubt, bis 1973 die flexible Altersgrenze ab dem 63. Lebensjahr eingeführt wurde und es von 1984 bis 1988 die Vorruhestandsregelung ab 58 gab. Mehr als 60 % der berechtigten Arbeitnehmer nahmen die in Anspruch, weshalb Helmut Kohl später meinte, es sei der größte Fehler seiner Kanzlerschaft gewesen.[23] Es gab größere, aber diesen hat er wenigstens zugegeben.

Seit 1989 gibt es die Altersteilzeit, seit 1990 gibt es Millionen ostdeutsche Rentenempfänger, die nicht in die westdeutsche Rentenkasse eingezahlt hatten; seit 1998 ist die Empfehlung eines „sozialverträglichen Ablebens" sprichwörtlich, Ärztekammerpräsident Karsten Vilmar hatte es gesagt und die Gesellschaft für deutsche Sprache hatte es zum „Unwort des Jahres" gekürt.

Seit 2002, dem Jahr der ersten großen Flutkatastrophen an Oder, Elbe, Donau und Inn, heißt der demografische Wandel bei manchen „Rentnerschwemme". Weil die statistische „Alterspyramide" der Deutschen trotz langsam wieder steigender Geburtenzahlen einer auf dem Kopf stehenden Birne gleichen wird, es also immer mehr Alte und zu wenig Nachgeborene gibt, beschimpften ab 2006 alte Männer im Bundestag und in den Kirchen junge Frauen im Berufsleben, warum sie so wenige Kinder bekämen.

Die geburtenschwächeren Jahrgänge beschreiten immer längere Ausbildungswege. Generation Praktikum eben. Wer aber erst mit 30 und niedrigem Einstiegsgehalt seine „Karriere" beginnt, eine oftmals prekären, konjunkturabhängigen Beruf ergreift und den dann auf Teilzeitarbeit reduzieren muss, sobald er Kinder großziehen will, der ist nicht gerade das, was man eine sprudelnde Geldquelle für die Rentenkasse nennt. Die früh und erschöpft in den Ruhestand wankenden Menschen ab 63 aber – die müssen momentan durchschnittlich 19 Jahre lang, in Zukunft wohl bis zu 25 Jahre lang, „durchgefüttert" werden. Ein diskriminierendes Verb, klar. Typ Tischfeuerwerk.

Nur eins hat sich während dieser nunmehr 60 Jahre andauernden Skandalchronik nicht geändert: Die Vorstellung, wir hätten unsere Beiträge in eine staatliche Sparkasse eingezahlt. In Kopf und Verstand längst abgehakt, hält sich in deutschen Herzen und Gefühlen der fest verankerte Wunsch, im Keller der „Deutschen Rentenversicherung Bund" in Berlin müssten zig Milliarden Euro aus sechs Jahrzehnten liegen und jedem Beitragszahler irgendwann in kleinen Scheinen zurückgegeben werden. Dem ist nicht so. Alle wissen das. Aber wenn von ebendort eine „Renteninformation" verschickt wird, in der es von Konjunktiven nur so wimmelt – könnte, würde, hätte, ergäbe sich, entspräche –, dann glauben die meisten, den hier genannten Betrag auch tatsächlich zu bekommen. Beziffert wird jedoch lediglich der Betrag, auf den eine „Rentenanwartschaft" erworben wurde. Wir werden über die Höhe unserer Ansprüche informiert, nicht über Geldbeträge, die tatsächlich fließen. Deren Höhe hängt allein von den zukünftigen Berufstätigen ab, denn in der ehemals „BfA" abgekürzten „Behörde für Almosen" wird immer nur eingesammelt und durchgereicht, was *heute da* ist.

Legt der Gesetzgeber nicht die Obergrenze fest, bis zu der gearbeitet werden muss (und bestraft auch nicht ein paar Monate Abweichung mit lebenslangen Sanktionen), sondern nur eine Untergrenze, ab wann eine „Teil-Rente" gezahlt werden kann, dann lohnt ein Blick auf die atmosphärischen, die „betriebsklimatischen" Vorteile: Betriebs- und Abteilungsleiter halten alte Hasen nicht mehr für altes Eisen und benehmen sich ihnen gegenüber auch so. Personalchefs legen Mappen mit Geburtsjahrgängen ab 1970 nicht mehr in die unterste Schublade, sondern halten die Anstellung und Beförderung von 50-Jährigen für diskutabel. Projektplaner blocken die Vergabe langfristiger Aufgaben an Mitarbeiter über 50 nicht mehr mit dem Hinweis ab „Der geht ja eh bald". Qualitätscontroller und Personalentwickler halten Ältere nicht mehr für zu blöd oder zu gewohnheitsstarr, etwas Neues zu lernen.

Klingt alles wie ein Märchen aus 1001 Nacht? Mag sein. Es könnte aber den eklatanten Fachkräftemangel der nächsten Jahre vom oberen Ende des Zeitstrahls her zumindest teilweise beheben.

CDU-Ex-Arbeitsminister Norbert Blüms legendäre Beteuerung „Die Renten sind sicher" von 1986 und SPD-Ex-Arbeitsminister Olaf Scholz' Donnerwort „Die Rente ist armutsfest" von 2009 hatten gemeinsam, dass die Bürgerinnen und Bürger beide Sprüche sofort als ängstliches Pfeifen im Wald erkannten. Denn im Herbst 2008 hatten die Banken und Versicherungen – eigentlich die Hüter der hohen Kanten – eindrucksvoll bewiesen, dass sie jederzeit willens und in der Lage sind, „Oma ihr klein Häuschen" im globalen Börsencasino zu verzocken.

Bleibt als wirklich „sichere Rente" also nur noch der Goldbarren unterm Bett, wenn dieses Bett in einer eigenen, schuldenfreien Immobilie steht? So scheint es. Wer ein Leben lang so viel gespart oder in der Lebensmitte so viel geerbt hat, dass er in seinen tatsächlich eigenen vier Wänden miet- oder abzahlungsfrei wohnt, dem darf man herzlich gratulieren. Inzwischen aber dämmert solchen „Vermögenden" auch:

Grundstücke und Häuser kann man nicht essen. Und die ambulante Pflegekraft der letzten Jahre wird Bargeld wollen.

Bargeld von der Rente abzweigen will neuerdings auch ein alter Bekannter, den viele Rentner schon beinah vergessen hatten: der Fiskus. Musste bis 2005 nur der sogenannte „Ertragsanteil" einer Rente versteuert werden (bei mittleren bis hohen Renten waren das meist 30 %, bei kleinen Renten gar nichts), so sind seither bis zu 75 % der Bruttorente steuerpflichtig, d.h.: Millionen Rentner haben ihren Freibetrag bereits ausgeschöpft, auch ohne zusätzliche Witwenrenten, Mieteinnahmen oder Zusatzverdienste. Darüber belehrte sie seit 2012 das Finanzamt auf die rabiate Tour: per Steuerfahndung und Bußgeldstelle. Die deutsche Rentenversicherung, die Pensionsfonds und privaten Rentenversicherer melden ihre Versicherten einer „Zentralen Zulagenstelle für Altersvermögen, ZfA", die meldet deren Einnahmen an die Finanzämter und die fragen erst sich und dann den Rentner, ob das schon alles gewesen sein könne ...

Dass Witwen, die in ihrem ganzen Leben noch kein einziges Steuerformular ausfüllen mussten („Hat immer mein Mann gemacht"), nun stundenlang über Papieren brüten, deren Ertrag für den Staat am Ende 3,58 Euro ergibt, dass pensionierten Beamten, denen ein Leben lang Korrektheit und Staatstreue das Wichtigste war, nun Strafverfahren und Bußgeldbescheide ins Haus flattern – wird alles in Kauf genommen. Damit sich am Lebensabend nur ja keiner was dazuverdient.

Eine uralte Erfahrung von Kabarettisten lautet, dass die Satiren von gestern schon morgen von der Wirklichkeit überholt werden können. Ein sarkastisch gemeinter Tipp könnte schon übermorgen als ernst zu nehmender Rat verstanden werden. „Jugend! Lebt in vollen Zügen. Feiert. Lasst es krachen. Ignoriert alle Vorsorge- und Anlage-Angebote. Eine überdurchschnittliche Rente wird Euch sowieso weggenommen. In 30 Jahren wird der Staat nämlich noch klammer sein als heute. Spart heimlich Geld, tut es ins Kopfkissen. Dort kriegt ihr zwar keine Zinsen, aber es wird auch nicht versteuert."[24] Viel Benzin fürs Tischfeuerwek am Kaffeetisch ...

Kapitel 8
Josef engagiert sich jetzt

Die Adresse liegt in jener Halbhöhenlage der Stadt, in der keine grafittibesprühten Wohnblock-Fassaden, schmutzigen Spielplätze und schrottreife Kleinwagen das Straßenbild prägen. Aber auch keine Videokameras über den Toreinfahrten weiß ummauerter Bungalows das „Bonzenviertel" markieren. Halbhoch eben. Mittelstand. Na gut, gehobener Mittelstand. Der Weg zu meinem heutigen Gesprächspartner führt steil bergan in eine stille, aber auch irgendwie schläfrig wirkende Wohngegend, wo sich makellose Einfamilienhäuser, efeuumrankt, mit Reihenhaushälften hinter frisch lasierten Holzsichtblenden abwechseln.

Wer in einer Straße mit 12 % Gefälle parkt, braucht eine gute Handbremse, denke ich beim Aussteigen. Und im Winter viel Streusalz. Er ist jetzt 69, geht es mir durch den Kopf, in zehn Jahren und mit Rollator kann er hier Schwierigkeiten kriegen.

Er hat einen für diese Gegend untypisch katholischen Vornamen und obendrein einen österreichisch adligen Nachnamen – für dieses Buch nenne ich ihn mal Josef Hermann von Maßmüller.

Die Hecke, an der ich entlangsteige, muss mit der Nagelschere getrimmt worden sein. Die drei Stufen zur Haustür mit Trockenblumenkränzchen sind aus rötlich marmoriertem Granit.

„Seien Sie gegrüßt!", sagt er volltönend. Seine überaus höflich formulierten Fragen nach Kaffee oder Tee, süßem oder herzhaftem Gebäck klingen ähnlich vornehm. Er trägt ein gebügeltes Freizeithemd, blassrosa, eine helle Bundfaltenhose und darüber ein marineblaues Jackett mit goldenen Knöpfen. Vielleicht hat er das wegen unserer Verabredung angezogen, denke ich, oder würde er auch sonst im Zweireiher durch Keller und Küche eilen?

„Meine Frau lässt sich entschuldigen, die ist noch im Baumarkt", ruft er mir durch die Küchendurchreiche zu. Ich schaue mich um. Zwei über Eck gestellte riesige Bücherregale enthalten genau das, was man hier vermutet: zwei Enzyklopädien, eine blaue, eine braune, jeweils zehn oder zwölf Bände mit Goldrandrücken. Zahllose Kunstführer und Bildbände. Reihenweise Werkausgaben klassischer Literaten – Goethe, Schiller, Heine, Hesse –, daneben ein Plattenspieler mit Verstärker drunter, dann Siegfried Lenz, aber auch Konsalik und Simmel, gefolgt von der bunten Parade der Urlaubsschmöker – historische Romane, Schweden-Krimis, Barbara Wood, Charlotte Link, Nicolas Sparks, ein paar Filmstarbiografien – und schließlich, ach-das-gibt's-noch: viele gestapelte Dia-Kästen! Graue Längsschuber für jene gerahmten Foto-Positive, die man früher in Plastikschienen einsortierte, in einen „Diaprojektor" schob und damit vergrößert „an die Wand warf". Optisch an die Wand warf, versteht sich. Korsika, England, Toskana, Kreta.

„Baumarkt?", frage ich, als er mit dem Tablett kommt.

„Ja. Es muss ja ständig im Haus und am Haus was gemacht werden. Nehmen Sie doch Platz. Milch, Zucker?"

Seine Frau ist acht Jahre jünger und noch berufstätig, wie ich weiß, also scheint es mir logisch zu fragen: „Und ums Haus kümmern Sie sich jetzt?"

„Nein. Kann ich nicht. Will ich auch nicht."

Ich bin etwas verblüfft. Was er sofort bemerkt: „Wissen Sie, es gab ja zunächst eine euphorische Aufräum- und Archivierungsphase, also die ersten fünfzehn, achtzehn Monate nach meiner Pensionierung. Ich habe im Keller mit Begeisterung alte Akten ausgemistet, neue angelegt, Unterrichts-Manuskripte und Zeitungsausschnitte nach Themen und Stichworten katalogisiert und abgeheftet. Ich hab mich von der Hälfte meiner Bücher getrennt, mit den Einkäufern großer Antiquariate halbe Abende am Telefon verbracht. Ich hing wochenlang bei eBay herum, Tag und Nacht; ich stand mit dem Rest vom Rest sogar mal auf einem Bücherflohmarkt, stellen Sie sich das vor. Dann hab ich uralte Urlaubsfotos in den Laptop gescannt oder auf CD gebrannt, ich habe – lachen Sie jetzt nicht – unsere Liebesbriefe aus den Jahren vor der Ehe nach Datum sortiert, dann die schönsten laminiert und die peinlichsten weggeschmissen. Einvernehmlich mit meiner Frau, versteht sich."

Er blinzelt mir lächelnd zu. Ein bisschen verschwörerisch, als sei nicht immer und alles sooo einvernehmlich entsorgt worden. Ich nicke kumpelhaft und unnötigerweise. Aber Josef

Hermann bestätigt ja gerade, was häufig zu hören ist: Frisch pensionierte Ehemänner würden zunächst lauter Tätigkeiten entfalten, die man am besten *alleine* macht. Register anlegen, Werkzeugkästen umsortieren, Keller-Regale aufbauen, Aquarien oder Terrarien einrichten, Familienstammbäume zeichnen.

„Durch die Sichtung alter Briefe kam ich automatisch zur Erforschung unserer Genealogie" – dachte ich's mir doch – „die auf meiner Seite recht gut und über mehrere Jahrhunderte dokumentiert ist, aber in der Familie meiner Frau höchstens bis zu den Napoleonischen Kriegen zurückreicht."

„Weil Sie adeliger Abstammung sind, Ihre Frau hingegen bürgerlich ...?", werfe ich ein. „Nein nein, noch einfacher: Weil wir immer katholisch waren, also in den Tauf- und Eheschließungs-Registern der Kirchenbücher stehen, die Eltern meiner Frau aber aus der evangelischen Kirche ausgetreten waren. Keine Taufen, keine Konfirmationen, nix mehr. Viel schwerer zu erforschen, wenn man nicht auf das uferlose ,My Heritage'-Archiv der Mormonen zurückgreifen will. Und dann kam, na ja, wie soll ich sagen, dann kam ..."

Herr von Maßmüller nimmt einen tiefen Schluck, redet aber nicht weiter. Ich warte. Wir schweigen.

„Sind *Sie* ein Praktikus?", fragt er mich plötzlich.

„Nö", verneine ich, „zwei linke Hände. Mit je fünf Daumen."
Wir lachen ein wenig.

„Nach der ersten Aufräum- und Familienforschungseuphorie – was kam dann?", hake ich nach.

„Ich bin Oberstudienrat für Deutsch, Latein und Religion. Kein Werklehrer und schon gar kein Handwerker."

„Ich bin", sagt Josef Hermann. Nicht „ich war".

„Nun gut, aber ...", will ich einwerfen, da unterbricht er mich:

„... man kann das Praktische lernen, meinen Sie? Ja natürlich. Was eine Gehrungssäge von einem Fuchsschwanz unterscheidet, wie man Laminat verlegt, ob Fußleisten verklebt oder genagelt werden und welche Wandfarbe gut geeignet oder einfach scheiße ist. Kann man lernen, ja sicher."

Seine Wortwahl und sein Tonfall lassen ein heraufziehendes Sturmtief erahnen. „Aber wo um alles in der Welt steht geschrieben, dass Geistesarbeiter plötzlich alle Heimwerker werden müssen, nur weil sie jetzt Zeit haben?!" Er fragt das eine Spur zu erregt und so kann ich mir denken, was nach der euphorischen Aufräum- und Archivierungsphase in seinem ersten Rentnerjahr kam. Die Erkenntnis nämlich, dass ihm keinen Spaß machte, was seine Frau von ihm erwartete: handwerkliches Geschick und Lust am Renovieren. Wo doch im und am Haus „immer was gemacht werden muss" ...

„Ich gehe gerne einkaufen, ich koche inzwischen wohl ganz gut, ich putze leidlich. Außer Hemden bügeln hab ich vieles gelernt, so ist das nicht. Wenn die Regenrinne vom Herbstlaub verstopft ist, mach ich sie sauber, keine Frage. Rasen mähen, Hecke stutzen – einverstanden. Aber sägen und schrauben und bohren und hämmern, Wände tapezieren und sich mit Klempnern und Elektrikern rumärgern? Sine mecum!" Herr Lateinlehrer hat also auch keinen Hasenstall gebaut für die kleinen Enkel und keine Fahrräder repariert für die großen, denke ich im Stillen. Oder er hat's versucht und dabei erst das Werkzeug geschrottet und sich dann die Hand verletzt.

„Was machen Sie stattdessen?", möchte ich jetzt wissen. Was macht ein pensionierter Geistesarbeiter, der sich im Haus und ums Haus herum nur begrenzt nützlich machen kann? Das zu fragen, traue ich mich aber nicht. „Von der qualvollen Aneignung wesensfremder Fertigkeiten ...", sagt er jetzt und hält sich ein längliches Stück Gebäck zögernd vor den Mund, als sei es ein Mikrofon, „also von Dingen, die man ums Verrecken nicht ins Hirn oder die Hände kriegt – davon versteh ich was!"

Ich muss kurz überlegen. „Sie meinen: Vom Nichtkönnen trotz Lernenwollens verstehen Sie was?"

„Genau. Ich geb ja noch Nachhilfe, seit ich pensioniert bin. Es gibt wunderbare Kinder manchmal. Aber Latein? Nichts zu machen. Für die produziert ein Lehrer nur heiße Luft. Wie schon Abraham Lincoln sagte: ‚You can't fertilize a field by farting thru the fence.' Verstehen Sie das?"

„Ja. Man düngt kein Feld, indem man nur durch den Zaun furzt."

Herr von Maßmüller lacht, als höre er das Zitat zum ersten Mal auf Deutsch. Glucksend fügt er hinzu: „So geht's mir eben mit den Ratgeberbüchern für Heimwerker."

Die Gleichzeitigkeit von gepflegter Wortwahl und vulgärer Derbheit hat was von sogenannten „Herrenabenden" in alten Schwarz-Weiß-Filmen, denke ich. Da plaudert mein Gastgeber aber schon weiter. In etwas ernsthafterem Ton diesmal: „Sie haben sich vielleicht gewundert, warum hier in einer evangelischen Stadt jemand so einen Vornamen hat" – ein bisschen hatte ich das, zugegeben –, „aber meine Eltern waren sehr katholisch und, sagen wir mal, sehr nationalbewusst. Keine Nazis, das nicht, aber stramm für Adenauers CDU und eine militärische Westanbindung gegen die Sowjets. Deshalb: Josef. Und Hermann. Und daher auch mein politisches Interesse." Politisches Interesse, aha. Und was heißt das praktisch? Zeitung lesen allein kann es doch nicht sein, oder? „Ich schreibe z.B. Fernsehsendungen mit. Gedächtnisprotokoll könnte man sagen. Talkshows, Dokumentationen. Aber auch politische Kommentare im Deutschlandfunk. In Steno."

Die Standuhr hinter der Ledersitzgruppe dröhnt so laut und glockenschwer zehnmal, dass ich „Stereo" verstehe. Was mein Gastgeber lachend korrigiert: „Nein, in Steno, Stenographie. Kurzschrift. Musste früher jede kleine Sekretärin perfekt können. Kennen Sie gar nicht mehr, was? Aber Latein, Literatur, Malerei, klassische Musik, Theater und Geschichte kennt ja auch keiner mehr. Braucht keiner mehr, war mal, geht gar nicht, ham wer nich."

Da ist ein bitterer Unterton in seiner Stimme. Etwas irritiert will ich beteuern, wie humanistisch allgemeinbildet ich noch bin, aber der adelige Josef steht jetzt auf und holt eine Kladde Mitschriften von der Fensterbank. „Könnte man sich auch alles von den Internetseiten der Sender downloaden, ich weiß, geht aber so schneller, glauben Sie mir."

Und dann beginnt er, in seinen Notizen zu blättern. Von der systematischen Zerschlagung des abendländischen Bildungskanons durch die 68er, die Gesamtschule, die PISA-Vorgaben fürs Gymnasium und den Bologna-Prozess an den Universitäten. „Wenn Sie heute im Religionsunterricht ‚Golgatha' sagen, denken die Schüler an die Zahnpasta Colgate. Ich hab mal im Geschichtsunterricht in einer elften Klasse, da hab ich mal erklärt, dass man kommunistische Länder und Überzeugungen mit der Farbe Rot assoziiert. Rote Armee z.B. oder Rot-China. Und einer fragte, warum es dann Rosa Luxemburg hieße!"

Josef Hermann findet das nicht lustig, er liest jetzt in gehobener Stimmlage aus seinem Notizbuch weiter vor: Von der Verflachung ernster und erhabener Kulturereignisse zum kommerziellen Eventzirkus – „ob Ring der Nibelungen oder König der Löwen, alles egal, solange es vorher Sekt und hinterher Würstchen gibt". Von der marktförmig gestylten Trivialisierung hoher Literatur. „Wenn Martin Walser oder Martin Mosebach nicht in brüllwitzigen Talkshows auftreten, werden ihre Bücher auch nicht in den Bahnhofsbuchhandlungen vom Fußboden aus hochgestapelt." Und, natürlich, vom Niedergang der deutschen Sprache durch Anglizismen und ein pubertäres SMS-, Facebook-, WhatsApp-Emoji- und Twitter-Deutsch. Die Welt ist dumm, so viel scheint klar.

Statt stetig gegenzuhalten, habe ich viele Tassen Kaffee getrunken, bitte um eine kurze Pause und entdecke an der Wand der Maßmüller'schen Toilette eine riesige Pinwand. Eine Korkfläche in Wurzelholzrahmen, soweit man das noch erkennen kann. Darauf: Ansichtskarten von sonst wo, Gepäckanhänger mit den Kürzeln weltweiter Flughäfen, vor allem aber Eintrittskarten sind da befestigt. Man müsste mehr müssen, um sie alle zu lesen. Aber auch der kurze Blick zeigt schon: Herr Oberstudienrat von Maßmüller und seine Frau, Verwaltungsbeamtin im Rathaus, haben in den letzten Jahren wohl alles besucht, was hier an Vorträgen, Foren, Podiumsdiskussionen, Theaterpremieren, Buchvorstellungen, Benefizkonzerten und Themengottesdiensten geboten worden war. Zwei typische Bildungsbürger, die das Geistesleben ihrer Stadt mit Eintrittsgeld und physischer Präsenz am Leben halten. Ausgerechnet diese offensichtlichen Nutznießer eines florierenden Kulturbetriebs aber sind von seinem baldigen Untergang überzeugt? Seltsam.

Merklich erleichtert und auch wohlgestimmter als vorhin kehre ich ins Wohnzimmer zurück. Josef steht am großen Terrassenfenster und telefoniert, beendet aber das Gespräch, als ich wieder am Tisch Platz nehme. Das Telefonat muss ihn geärgert haben, sein Tonfall ist noch ein Gran schärfer geworden: „Als politisch interessierter Privatier" – was für ein vornehmes Wort für Rentner, denke ich – „hat man mehr Zeit, das linke Medienkartell zu durchschauen. Wie subtil wir gleichgeschaltet werden. Glauben Sie nicht? Doch, is so. Wir werden getrimmt auf berufstätige Frauen statt Mutterschaft, auf Homosexualität statt Familie mit Kindern, auf die Verhöhnung kirchlicher Autoritäten, auf Demutsgesten vor dem Islam."

Mir wird heiß am Haaransatz. Soll ich jetzt entgegnen, dass über 1550 verschiedene Printmedientitel am Kiosk, mehr als 200 verschiedene Radioprogramme und rund 40 gängige Fernsehkanäle gar nicht alle auf eine politische Linie gleichgeschaltet sein *können*? Weil sie z.B. in kommerzieller Konkurrenz zueinander stehen und König Kunde nun mal Alleinstellungsmerkmale honoriert, nicht Gleichklang? Will ich mit ihm wirklich über die zwingende Notwendigkeit der Presse- und Meinungsfreiheit in einem weltanschaulich neutralen Rechtsstaat diskutieren? Und dass man für dieses demokratische Gut halt den Boulevard und manche zotigen Brachial-Comedians in Kauf nehmen muss?

Josef Hermann von Maßmüller legt nach: „Die CDU hat sich quasi sozialdemokratisiert, die FDP tut immer brav, was die Konzerne wünschen, und die Grünen wollten mal Pädophilie straffrei stellen. Alles Ideologen, sage ich Ihnen, alles Werte-Zerstörer!"

Er schaut jetzt an mir vorbei in den Garten hinaus und ich denke: Was will er konkret? Rechtspopulisten wie in Ungarn und Polen? Noch mehr Landtags- und Bundestags-Abgeordnete mit nützlichen Freunden unter gewaltbereiten Rechtsterroristen? Hat sich ihm die AfD angedient, verkleidet als Hüterin konservativer Werte? Sollen wir ernsthaft darüber reden, dass die Menschenrechte für alle gelten müssen? Auch für kinderlose Karrierefrauen, Atheisten, Schwule, Muslime und Schwarze?

„Nicht dass Sie mich als Rassisten oder Antisemiten in die rechte Ecke stellen", ruft er mir über die Schulter zu, „die anfangs vernünftigen Anliegen der AfD sind von den Tarnkappen-Nazis in ihren Reihen gekapert worden. Geschichtsklitterei und öffentliches Kuscheln mit Hooligans ist meine Sache nicht, glauben Sie mir ..." Ich glaube ihm.

„Und deshalb engagier ich mich da jetzt", sagt Josef knapp. Er beginnt, das Kaffeegeschirr zusammenzuräumen. Da? Wo ist das, „da"?

Ich hätte es merken können. Kein Bertolt Brecht und kein Günter Grass im Bücherschrank, aber Thilo Sarrazin. Und im Zeitschriftenstapel auf dem Beistelltisch ein katholisches und ein evangelikales Liberalitätshasser-Blatt. Möchtegernmärtyrer und „Mainstream"-Opfer auf der „Das-wird-man-ja-wohl-noch-sagen-dürfen"-Spur. Die hellbraun getönte Drehtür zwischen Bildungsbürgertum und Rechtsextremismus eben.

„*Wie und wo* engagieren Sie sich?", frage ich und stehe vom Tisch auf. „Durch Protest auf den Kommentarseiten der Online-Redaktionen. Leserbriefe und Hörerpost hieß das früher. Die meisten Sender haben auf ihrer Homepage eine ‚App ins Studio'-Funktion. Ich schreibe Mails. Und wenn sie die nicht abdrucken oder mir butterweiche Abwimmel-Antworten schreiben oder schweigen, dann ruf ich an."

Dieser Josef ist der Albtraum aller Redakteure, denke ich. In Live-Sendungen mit Höreranrufen eine tickende Zeitbombe. Wenn er unhöflich wird und die Regie blendet ihn aus, fühlt er sich als mundtot gemachter Märtyrer bestätigt. Lässt man ihn reden, ist die sachliche Atmosphäre jeder Sendung im Eimer.

Sein Handy klingelt erneut. Es geht, soweit ich unfreiwillig mithöre, nicht um die Sozialdemokratisierung der CDU, sondern um den Durchmesser eines Dichtungsrings für die Duschbrause. In Millimetern.

Eine willkommene Gelegenheit, mich zu verabschieden. Zumal Josefs Frau, deren Schilderung des Rentneralltags mich interessiert hätte, offenbar so schnell nicht vom Baumarkt zurück sein wird.

Die Halbhöhen-Wohngegend mit ihren scharf getrimmten Hecken und granitgepflasterten Hauseingängen kommt mir nicht mehr schläfrig, sondern lauernd vor, als ich die brave Handbremse meines Wagens löse und 12 % steil bergab davonfahre. Josefs wacher Geist, seine überdurchschnittliche Bildung, sein stilvolles Heim konnten nicht den Eindruck kaschieren, dass er sich gekränkt fühlt. Dass er irgendwie beleidigt wurde, marginalisiert, um Einfluss und Bedeutung gebracht. Dass er in praktischen Haushaltsdingen sogar zeitweilig überflüssig ist. Den kränkenden Charakter des Berufsabschieds hat er in eine Art geistigen Kampf gewendet, in eine intellektuell anspruchsvolle, subtile Aggressivität. Also sitzt er mit dem Stenoblock vor dem Fernseher, lässt sich bestätigen, dass er auch mit seinen politischen Überzeugungen von der Mehrheitsgesellschaft nicht ernst genommen wird und – protestiert. Nicht wegen seiner selbst oder gegen seine Lebenslage, nein, er protestiert im Namen des Abendlandes. Es geht um Deutschland, mindestens.

Kapitel 9
Emanzipiert? Wovon? Wohin?

Erzieher und Erzieherinnen in Kindergärten oder Kindertagesstätten haben so ihre Erfahrungen mit Abholern. Dass jedes Kind zwei Eltern hat und die den gleichen Nachnamen haben – das gibt es „normalerweise", also mehrheitlich, noch immer. In manchen Vierteln deutscher Großstädte aber ist das die schöne, einfach zu merkende Ausnahme.

Rund 150 000 Ehen werden in Deutschland pro Jahr rechtskräftig geschieden, die Zahl der unamtlichen Trennungen langjähriger Lebenspartnerschaften nicht mitgezählt. Es gab 2019 rund 2,61 Millionen Alleinerziehende und deren Zahl ist rückläufig. Weil die meisten Männer und Frauen nach einer Scheidung ja nicht etwa *keine* Ehe wollen, sondern eine *bessere*. Der Mut und die Experimentierfreude für Patchwork-Familien jedenfalls ist ungebrochen. Faustformel: „Früher hatten manche Eltern bis zu fünf Kinder. Heute haben manche Kinder ebenso viele Eltern."

Das Aufsichtspersonal „schutzbefohlener Minderjähriger" hat sich infolgedessen meist klaglos daran gewöhnt, pro Kind die Namen von vier oder fünf sogenannten „Abholberechtigten" zu notieren: Mamas Ex, der biologische Vater. Mamas

Freund, der momentan soziale Vater. Die gehen klar. Mamas Mutter und Vater, die mütterlicherseits biologischen Großeltern, gehen auch. Und die, nun ja, aktuelle Lebensgefährtin von Mamas Ex. Immerhin ist sie vierzehntägig die soziale Mutter. Ist morgen ein rechtmäßiges Besuchswochenende oder nicht? Aber was ist mit Mamas Ex-Schwiegervater, dem väterlicherseits biologischen, aber im Alltag des Kindes irgendwie abgeschalteten Opa?

Da steht ein alter Mann im Trenchcoat vor der Tür, den nicht alle der (häufig wechselnden) Teilzeit-Kräfte und PraktikantInnen persönlich kennen können, und der will die kleine Nicoletta abholen? Unangekündigt, außerplanmäßig?? Schwierig. Er sei der Opa, sagt er. Aber Mama ist nicht auf dem Handy erreichbar und Nicoletta will nicht mitgehen. Sie spielt gerade so schön.

Keine Statistik kann es beweisen, aber jeder Mann über 60 kann es ausprobieren: Setzen Sie sich auch nur eine halbe Stunde lang neben einen öffentlichen Kinderspielplatz auf die Parkbank, schauen Sie den Zwergen zu und achten Sie mal auf Ihre Wirkung bei den Eltern: Omas genießen wohlwollende Blicke. Opas lösen Argwohn aus. Vergewaltigt, in Kinderporno-Gartenlauben verschleppt und ermordet werden die süßen Kleinen schließlich von Männern, nicht von Frauen. Basta.

Zwei Dutzend um die Sandkästen und Spielgeräte verstreut sitzende Mütter verfolgen aus Argusaugenwinkeln, was da abgeht: Ein offensichtlich mit diesem Herrn herzlich vertrautes Kleinkind ruft ihn „Opa", springt in seine Arme, zeigt ihm Käfer und Ameisen im Sand, lockt ihn auf die Rutsche. Er hält sich beim Hinaufsteigen am eiscreme- und schnodderverklebten Geländer fest, rutscht mit dem Kind auf dem Schoß gemächlich hinunter, bemerkt nicht den dabei erworbenen Kaugummi an seiner Hose, weicht Sandkuchenförmchen und kleinen windellosen Nackten aus, entdeckt erst jetzt, dass der mit Taschen schwer behängte Buggy natürlich nach hinten umgekippt ist und aller Proviant im Dreck liegt. Fräulein Enkeltochter brüllt und bockt, wirft sich vor Wut über die nicht mehr essbaren Kekse auf den Boden.

Rastet der Alte jetzt aus? Nein. Macht er als Erstes den Schnuller der Teeflasche wieder sauber? Ja. Kann er das Kind von seinem Kummer ablenken? Auch das. Die prüfenden Blicke entspannen sich, die sorgfältig gezupften Augenbrauen gehen wieder runter, die Wahlwiederholungstasten der elektronischen Plauderblöckchen können gedrückt, die Telefonate und Chats fortgesetzt werden.

Der Mann ab 60 spürt irgendwie die positive Veränderung der Atmosphäre. Hätte er Lust, darüber nachzudenken, fiele ihm auf, dass er sich soeben für die freundliche Duldung in einem Mütter-Biotop qualifiziert hat. Vielleicht bekommt er sogar von einem aufmunternden Lächeln signalisiert, dass man ihn, Verzeihung, dass frau ihn nun nicht mehr mit Argwohn beäugen, sondern mit Anerkennung betrachten wird.

Als neulich Opas Frau zu einer ähnlichen Situation hinzukam, spürte die sogar noch mehr und erklärte es ihm so: „Du kriegst gerade eine ‚Obwohl'-Anerkennung!" Ein verwundertes Staunen über seinen Umgang mit Kleinkindern, „obwohl" er schon so alt und „obwohl" er ein Mann ist. „Obwohl" er wahrscheinlich im tiefsten Herzen ein Macho ist und „obwohl" er früher seine eigenen Kinder vermutlich stark vernachlässigt hat. Also jetzt mal vom geschätzten Alter her. Rein theoretisch. Sollte man meinen. Liegt doch nahe. Könnte ja sein.

Oma kennt diese Art „Obwohl"-Anerkennung nämlich noch von früher: Vor vierzig Jahren, da nahmen alte Kfz-Schlosser für einen Moment die Selbstgedrehte aus dem Mundwinkel und zogen die Augenbrauen hoch, wenn eine junge Frau vor die Werkstatt fuhr, die Motorhaube ihres Opel Kadett öffnete und sagte: „Ich glaube, es ist die Lichtmaschine." Dann bekam die Karre einen neuen Keilriemen und die Kundin ein erstauntes Kopfnicken. Eine „Obwohl"-Anerkennung. Hat Ahnung, obwohl sie eine Frau ist. Obwohl so junge Dinger nicht mal den Einfüllstutzen fürs Öl finden, normalerweise. Sollte man meinen. Jetzt nur mal vom Äußeren her. Ist doch so, ne.

Opa säubert die sandigen Klamotten des kleinen Mädchens, sammelt ihre Siebensachen ein, fingert genervt die umständlichen Sicherheitsgurte des Kindersitzes im Auto zusammen, fährt zur Grundschule und holt dort zwei „Mitenkel" ab, wie er die Kinder der neuen Lebensgefährtin seines Sohnes nennt. Wie alle alten Leute ist er zu früh am Zielort. Wie kein anderer aber findet er dadurch den einen Parkplatz, den die Kinder schon vom Schulhof aus sehen können. Sie kommen angerannt, eine Prüfung seiner Unbedenklichkeit als Abholer findet nicht statt. Jetzt fährt Opa alle drei zur ... zur ..., na ja, „Stiefmutter" seiner Enkelin soll er nicht sagen, hat sie gesagt.

Irgendwas hat sich gedreht, denkt Opa beim Wäschewechseln daheim und erinnert sich: Als er nur wenig jünger war als sein Sohn heute; als er seiner Freundin den ollen Kadett mit dem porösen Keilriemen auslieh – da trug der verständnisvolle Lover einer anspruchsvollen Studentin Rauschebart und Nickelbrille. So eine wie John Lennon sie hatte oder Mahatma Ghandi. Auf dem verfilzten Norwegerpullover waren der Friedenstaube-Button und der „Atomkraft nein danke"-Aufkleber gut sichtbar; den aromatisierten Tee trank man aus runden Tontöpfchen ohne Henkel, obwohl das höllisch heiß war an den Fingern. An der Innenseite der Wohnungstür in der Altbau-WG hing das schwarz-weiße Fotoposter „Why?", auf dem dieser Kämpfer im spanischen Bürgerkrieg gerade erschossen wird. Über dem Küchentisch ein riesiger weißer Ballon aus Japanpapier und wenn man etwas essen, sagen oder tun wollte, fragte man die Freundin vorher „Ist das okay für Dich, Du?"

Diese Freundin wiederum hatte, wie fast alle halbwegs linken Bürgertöchter, ab 1980 Svende Merians „Tod des Märchenprinzen" gelesen. Von einer Hochzeit in Weiß träumte sie aber trotzdem. Und musste sich gegenüber ihrer Dozentin im Fach Sozialwissenschaften rechtfertigen, warum sie überhaupt noch ans Heiraten denke. Es seien schließlich die Männer gewesen, die zwei Weltkriege, den Holocaust, den Atombombenabwurf und den Vietnamkrieg verursacht hatten. Und es sei diese scheißbürgerliche Institution Ehe, die als Knute gegen weibliche Selbstverwirklichung funktioniere.

Sie heirateten dennoch. Sie in einem weiß und lindgrünen Kleid von Laura Ashley. Er in einer schneeweißen Latzhose. Beide zur Kirche Rad fahrend. Im ersten Ehejahrzehnt machten sie ganz selbstverständlich und pragmatisch das, was Familientherapeuten später als „partnerschaftliche Aufgabenverteilung der Familienarbeit jenseits tradierter Rollenklischees" lobten.

Woher sollte er, der vom progressiven Feuilleton hochgelobte „neue Mann" mit Baby im Tragetuch, denn ahnen, dass man ihn zehn Jahre später als „Softie", „Weichei" und „Frauenversteher" belächeln würde?! Wie hätte er voraussehen können, dass dieselben Frauen, die ihn in den 80ern aufgefordert hatten, „weiblicher, mütterlicher" zu werden, sich in den 90er-Jahren wieder „echte Kerle" wünschten, „jemanden zum Anlehnen"? Und dass Damen jeden Alters ab 2011 sogar „Fifty Shades of Grey" – die Roman-Trilogie der einvernehmlichen Unterwerfung einer 21-Jährigen unter die Sadomaso-Experimente eines reichen Machos – knapp 6 Millionen Mal kauften?

Aber ja doch, auch er empfand es als „längst überfällig" und eine befriedigende Emanzipation von Frauen im Filmbusiness, dass der traditionelle Sonntagabend-„Tatort im Ersten" immer öfter furchtlose, faustkampfstarke, scharf schießende Kommissarinnen zeigte und Nordlicht „Charlotte Lindholm" sich sogar einen männlichen Babysitter hielt, einen sympathisch-tumben.

Die weibliche Eroberung ehemals „typischer Männerberufe" wie Soldat, Lkw-Fahrer, Boxer oder Bundeskanzler beobachtet Opa seitdem mit interessiertem Wohlwollen. Paradox-männerfixierter Sprachgebrauch war ihm immer schon suspekt – die „erste Frau in der Geschichte der bemannten Raumfahrt", das „herrenlose Damenfahrrad", die „Damen-mannschaft" –, aber über die übertriebene Gegenreaktion, die politisch genderkorrekte „frauengerechte" Sprache heutzuta-ge macht er sich trotzdem hin und wieder lustig. Erst recht, wenn TV- und Radiomoderatoren, Literatur-Rezitatoren und Schauspieler (auch die -innen unter ihnen!) nicht recht wis-sen, wie sie das Gendersternchen denn phonetisch kenntlich machen sollen. Pause lassen und „-innen" nachschieben? Kurz schlucken? Sich räuspern, wünscht Opa manchmal grimmig. „Liebe Besucher, liebe Besucher-innen!" Was ist mit den Besu-chern außen? „Zeigen Sie mal Ihren Führer-innenschein", „Ist die Überweisungsträgerin ausgefüllt?" Ja, ganz erfüllt von einer Kontonummer. Im Prinzip aber, en gros und allgemein, hat Opa nichts mehr dagegen, dass „gerechter" gesprochen werden soll.

Verwundert ist er nur, dass die heute 35-jährigen Nutz-nießerinnen all der geschlossenen Gesetzes- und Bewusst-seinslücken beim „Happy-Hour-Mädelstreff" im Frauen-café genervt die Augen verdrehen über Alice Schwarzer & Co. Dass sie vieles sein wollen, bloß keine „Kampf-Emanzen". Wie selbstverständlich ihnen alles erscheint, wofür ihre Müt-ter tapfer fochten. Wie lässig sie spotten können – „Vorsicht. Bei weiblichen Partygästen über 50 mit Doppelnamen, hen-na gefärbten Haaren und gebatiktem Wickelrock muss jeder-zeit mit Barfußtanzen gerechnet werden!"[25] – und wie unge-niert planvoll sie ihren weiblichen Charme in der Arbeitswelt einsetzen! Manche Oma von heute freut das diebisch. Manch andere Vorkämpferin von einst kränkt es auch ein bisschen. Weil sie die Töchter und Enkelinnen undankbar findet oder zu antriebsschwach und lustlos, jetzt engagiert weiterzukämpfen.

Den frauensolidarischen Opa von heute irritieren solche Beobachtungen. Denn eins ist doch klar: Solange weibliche Berufstätige 20 % weniger Gehalt für die gleiche Tätigkeit bekommen als männliche, ist der Kampf noch nicht zu Ende. Solange erst unter Androhung gesetzlicher Sanktionen Frauen in Führungspositionen gelangen, muss hartnäckig weiteremanzipiert werden, schon recht.

In Opas Bekanntenkreis aber ist ein unschöner Kollateralschaden, eine schmerzhafte Nebenwirkung dieses fünfzigjährigen Krieges sichtbar und für das Negativ-Image „alter weißer Männer" emblematisch geworden: der versteckte oder offene, private oder organisierte Männerprotest gegen die frauenemanzipierte Welt.

„Ganz Gallien ist von der Gleichstellung der Geschlechter erobert", könnte man mit Asterix & Obelix sagen, „ganz Gallien? Nein." Dieses unbeugsame Dorf, dachte Opa bisher, das sind die katholische Kirche und der konservative Flügel des Protestantismus, die Evangelikalen.

Wo Frauen keine Priesterinnen werden und nicht die Eucharistie oder das Abendmahl reichen dürfen; wo haupt- und ehrenamtliche Mitarbeiterinnen zwar viel zu tun, aber nichts zu sagen haben; wo in russlanddeutschen Freikirchen Frauen und Männer noch getrennt sitzen, die Frauen unter Kopftüchern, versteht sich. Der Heizungsinstallateur predigt vorne und die promovierte Religionslehrerin schweigt hinten. Weil der Apostel Paulus das so wollte, heißt es.

Aber nun gut, unser Grundgesetz garantiert die Gewissens- und Religionsfreiheit. Solange Frauen mit ihrer Degradierung einverstanden sind, nicht geschlagen und nicht zwangsverheiratet werden, sind der breiten deutschen Öffentlichkeit die exotischen Eigenarten religiöser Minderheiten im Grunde wurscht.

Aber Ende der 80er-Jahre entstanden Vereine wie „Väteraufbruch für Kinder", 2004 dann „Manndat e.V.", 2009 der kleinere „Agens"-Kreis, die sich in der Familien- und Sozialpolitik, vor allem aber in den Medien für die Rechte von Vätern einsetzten. Für die (Sorge-)Rechte getrennt lebender, geschiedener oder nicht ehelich lebender Väter zunächst, weil sie ein Komplott von Müttern und Familientherapeutinnen, Erzieherinnen und Familienrichterinnen, eine grundsätzlich feministisch-ideologische Voreingenommenheit in der Gesellschaft festzustellen glaubten. Männer seien halt *nicht immer* die Schurken in einem Rosenkrieg, sondern immer öfter auch die Opfer. Was ja zweifellos stimmt.

Trotz der Novellierung des Sorgerechts durch den Bundestag 1998 – zugunsten der Väter – wurde der Ton der „Männerrechtler" um die Jahrtausendwende schärfer und schriller. Inzwischen war nämlich die Benachteiligung von Jungen im gesamten Bildungswesen offensichtlich und aktenkundig: Im Kindergarten, gleich welcher Trägerschaft, arbeiten fast nur Erzieher*innen*, in deutschen Grundschulen unterrichten mehrheitlich Lehrer*innen*, im Gymnasium sind etwa die

Hälfte Studienrät*innen*. „Der einzige männliche Erwachsene, den das Kind zu sehen bekommt, ist der Hausmeister.“[26]

Dass pubertierende Mädchen im Sportunterricht ungern von Jungen beobachtet und höhnisch kommentiert werden, war den Sportlehrerinnen schnell einsichtig. Dass pubertierende Jungen ungern Fremdsprachen lernen, wenn Mädchen ihre Aussprache-Versuche höhnisch bekichern, ist vielen Französischlehrerinnen noch immer nicht klar. Trotzdem oder deshalb wird der koedukative Unterricht, also der gemeinsame von Jungen und Mädchen, in vielen Schulen wie eine Trutzburg der Geschlechtergleichbehandlung verteidigt.

Zu Hause, bei der z. B. alleinerziehenden Mutter, darf der flaumbärtige Teenagerknabe nicht allzu viel Verständnis erwarten für seine abfallenden Leistungen. Auch wenn Mama gerade erschrocken in der Zeitung liest, dass es viermal mehr männliche als weibliche Stotterer gibt, dreimal so viel Selbstmordversuche und zehnmal mehr männliche als weibliche Schulabbrecher. Von der Tatsache, dass 97 % aller Jugendstraftaten von Jungen begangen werden, ganz zu schweigen.

Morgens an der Bushaltestelle kann Opa sich seiner uraltmodischen, völlig unkorrekten Adjektive im Kopf nicht erwehren: Neben „adrett“ wirkenden jungen Frauen stehen „unordentliche“ junge Männer in Muskel-T-Shirt und Kapuzensweater, militärfarbener Baggyhose und riesigen Chucks. Viele von ihnen hängen in schulischen Endlosschleifen und beruflichen Fördermaßnahmen herum und wissen nicht genau, was sie beruflich gerne täten. Nur halt nichts „Spießiges“. Fast ausnahmslos zu Hause bei Muttern wohnend, wirken sie seltsam unerwachsen, irgendwie verschusselt und verbummelt, spätpubertär verträumt. Nicht ganz ernst zu nehmende Schlakse, die aber genau das unbedingt wollen: ernst genommen werden.

Wo ein gesellschaftliches Problem ist, ist auch bald ein Forschungsauftrag, und so konnte Soziologe Gerhardt Amendt dank eines anonymen Mäzens das „Instituts für Geschlechter- und Generationenforschung" an der Bremer Uni gründen und auf empirische Studien gestützt zetern, all dies sei das Ergebnis „einer ideologischen Feminisierung der Gesellschaft". Das Programm „Gender- Mainstreaming" (die Förderung von Geschlechtergerechtigkeit in Behörden und Konzernen, Schulen und Betrieben, in Kultur und öffentlichem Leben) sei „eine verkappte Frauenförderung, letztlich nichts anderes als die staatliche Umerziehung der Männer. Ein Konzept, das im Wesentlichen in der schwullesbischen Subkultur formuliert wurde".[27]

Vereinfacht gesagt: Was mal als Gleichstellung gedacht war, sei zur Verachtung alles Männlichen ausgeufert. Schuld seien außer den Frauen vor allem die Schwulen. Es gäbe, sprang ihm der Schweizer Soziologiekollege und Männerforscher Professor Walter Hollstein zur Seite, einen „feministischen Angriff auf die Bilderwelt des Mannes und damit auf seine Identität, denn das Bild, das Männer von sich haben, ist identitätsstiftend." Hollstein weiter: „Einst hochgelobte männliche Eigenschaften wie Leistungswille, Disziplin und Autonomie werden umgedeutet zu Karrierismus, Zwanghaftigkeit und Beziehungsunfähigkeit. Das Gros der Arbeitslosen, Hilfsarbeiter, Obdachlosen und chronisch Kranken ist männlich, ohne dass jemand dies zum Anlass nähme, darin eine gesellschaftliche Ungerechtigkeit zu sehen."[28]

Das hörten verbitterte Scheidungsväter mit so viel Genugtuung, dass sich Schauspieler Mathieu Carrière in Berlin an ein „Kreuz des Feminismus" fesseln ließ und Ex-*DER SPIEGEL*-Redakteur Matthias Mattussek bis heute einen radikal rechtskonservativen Blog dazu betreibt. Es hörten aber auch weniger prominent positionierte Männer gern. All jene wahrscheinlich, die sich – unterschwellig, versteht sich – von all den wortgewandten, gut aussehenden Nachrichtensprecherinnen und Moderatorinnen im Fernsehen verunsichert fühlten. Die sich von den taffen Politikerinnen in Bund und Ländern, von den wichtigtuerischen Rollkoffer-Geschäftsfrauen auf Bahnhöfen und Flughäfen, von den schicken Cabriofahrerinnen, den freundlich-energischen Ärztinnen und den klugen Apothekerinnen zurückgesetzt, herabgesetzt, übertölpelt fühlten. Je niedriger der Bildungsstand und je konservativer die politische Grundeinstellung der verunsicherten Männer ist, umso schneller verklumpen die einzelnen Zutaten der Geschlechtergerechtigkeit zu einer einzigen übel riechenden Teigmasse: Echte Kerle kriegen keine Chance mehr. Was uns Spaß macht, wird belächelt. Was wir gut können, ist nicht gefragt. Etwas vornehmer ausgedrückt: Die Deutungshoheit, was richtiges und was falsches Verhalten im Alltag ist, haben Frauen.

Nur der pro-feministische Mann sei der öffentlich erlaubte Mann, klagten die Männerrechtler, und da stimmten jene kirchlich „Wertkonservativen" am lautesten mit ein, die immer schon das patriarchale Ehemodell der 6oer-Jahre, die

Mutterschaft aller gesunder Frauen und die Unsichtbarkeit homosexueller Menschen herbeisehnten: Pluralitätsmüde Bürger, die vom Gesetzgeber eine politische Festschreibung „natürlicher" Geschlechterrollen verlangten. Was *sie* als „normal" definierten, sollte der *Staat* bitte mehr schützen.

Wobei die uralte Debatte, was außer den Geschlechtsorganen „natürlich männlich" und „naturgegeben weiblich" sei, von keiner Wissenschaftsdisziplin jemals letztgültig beantwortet wurde. Selbst das „typischste" männliche Denken und Verhalten – es gibt genetische Konstanten, ja, es gibt evolutionär gebildete Notwendigkeiten, ja, es gibt in Jahrhunderten geprägte Rollenmuster – ist doch niemals und bei niemandem Natur pur, sondern immer zeitbezogen kulturell geprägtes Denken und Verhalten.

Trotzdem: Die AfD – 2013 von zornigen alten Männern gegründet – und ihre rechtsnationalen Sympathie-Blätter wie *Junge Freiheit*, *idea*, oder *Preußische Allgemeine*, sogar bildungsbürgerliche Edelgazetten wie der *Cicero*, benutzten die Diskussion um Jungen-Förderung im Bildungswesen und Männergerechtigkeit in der Sozialpolitik als willkommene Plattform, endlich mit „dem Feminismus" abzurechnen. Auf katholischen Webseiten und evangelikalen Blogs kam noch die Verteufelung kinderloser Karrierefrauen und die polemische Ablehnung staatlicher Betreuungsangebote dazu. So als wären Kitas sozialistische Umerziehungslager und SPD-Familienministerinnen eine Art Margot Honecker. Publizist Thomas Gesterkamp nannte das einen „Familienfundamentalismus"[29], der die angeblich gottgewollt-natürliche

Rollenzuweisung für Mann und Frau genauso dogmatisch betonieren will wie das „Gender-Mainstreaming" die angeblich absolute und totale Gleichheit aller nur denkbaren Geschlechtervarianten. Erzfeinde ähneln sich halt bald ...

Opa, immerhin 15 Jahre jünger als die über 80-jährigen Männerrechtler Amendt und Hollstein, hat die sandigen Socken vom Spielplatz in den Wäschekorb geworfen, hat die kaugummiverklebte Hose gegen eine saubere gewechselt und ist auf der Treppe zwischen Bad und Wohnzimmer an einem gerahmten Foto seines Sohnes stehen geblieben. Erster Schultag 1988. Der Junge bestand darauf, eine Farbkopie seines Bilderbuchcovers „Wo die wilden Kerle wohnen" auf die Schultüte zu kleben. Die kurze Vorlesegeschichte, wie Max ohne Abendbrot ins Bett muss, in den Wald geht, dort die Monster zähmt, von ihnen zum König gekürt wird und am Ende alles nur ein Traum war.

Hat es was zu bedeuten, dass Maurice Sendaks Kurzgeschichte eines Jungentraums aus dem Jahre 1963 knapp 30 Auflagen erlebte und 48 Jahre später als Spielfilm in die Kinos gekommen ist? Und dass dort nicht etwa nur Kinder, sondern junge Businessmänner sitzen? „Wo die wilden Kerle wohnen" als Kultfilm für Erwachsene?!

Wer hat sich in welche Richtung hin emanzipiert, denkt der Gatte einer soft-feministischen, nicht henna gefärbten Frau ohne Doppelnamen und tapert altersgerecht langsam an den Familienfotos entlang treppab in den zweitgrößten Raum des Hauses: sein Arbeitszimmer. Es heißt immer noch so. Er lässt sich in den Chefsessel fallen – der heißt auch immer noch so – und erinnert sich.

Irgendwas ist in seinen letzten zehn Berufsjahren auf beklemmende Art anders geworden in der Arbeitswelt. „Die Frauen in der Firma reden über alles, was die (berufliche) Arbeit betrifft, auf ganz ähnliche Weise, wie sie Anekdoten vom Wochenende erzählen: Feelings first. Wenn die Sibylle dem Thomas eine Aufgabe überträgt, fragt sie, ob er ein gutes Gefühl dabei habe. Thomas ist aber zum Arbeiten hier und nicht, um mit Sibylle darüber zu diskutieren, was sie für Gefühle hinsichtlich seiner Gefühle hat … Wir Männer werden nicht danach beurteilt, was wir tun, wie wir es tun und ob wir Geld dabei sparen. Frauen (in der Firma) fragen uns hinterher bloß ‚Wie fühlst Du Dich damit?‘. Was sie in Wahrheit damit meinen, ist: Wie fühle ich mich mit dem, was Du fühlst? Denn die einzige Wahrheit, die Frauen gelten lassen, sind ihre eigenen Gefühle. Und darüber zu reden – das ist für sie der Inbegriff von Ehrlichkeit."[30]

So sauer kann ein ehemals stellvertretender Chefredakteur von *Brigitte* werden, Junge, Junge. Und den frauenquotierenden Einwand, die deutsche Industrie sei noch lange keine „Weiberwirtschaft", sondern nach wie vor sichtlich männerdominiert – den kennt er auch schon: „Wir bewegen uns in einer Welt, die a) von Männern dominiert ist, mit denen wir eigentlich nichts zu tun haben wollen, weil sie langweilig, hohl und egozentrisch sind, die b) von seltsam unauthentischen, aber allgegenwärtigen Gesprächen über Gefühle beherrscht wird und die c) keine Ecken und Kanten mehr hat …

Die Welt ist weiblicher geworden. Das ist ein Fortschritt ... Aber könnte es sein, dass die meisten Frauen gar nicht wissen wollen, was wir fühlen? Sondern uns nur auf ihrem persönlichen Hoheitsgebiet gegenüberstehen möchten, auf dem sie die Spielregeln bestimmen und die Kommunikationsrichtlinien?"[31]

Nein, dass Opa die meisten Ex-Kollegen oder Rentnerfreunde „langweilig, hohl und egozentrisch" findet, kann er nicht sagen. Aber vielleicht geht's ja seinem Sohn so? Der ist knapp 40, eigentlich Informatiker, und muss sich gegen exzellent ausgebildete Konkurrentinnen auf dem Arbeitsmarkt behaupten. Er führte zunächst von Praktikum zu Praktikum das typische „Leben für den Lebenslauf" und empfand in reinen Männer-Teams tatsächlich eine Art „psychischer Obdachlosigkeit".

Wenn es ihm bei den Kerlen zu „langweilig, hohl und egozentrisch" wurde, er andererseits aber in den mehrheitlich von Frauen geführten Teams „den ganzen Tag durch unechten Gefühlssirup waten" musste – dann entspannt er sich daheim beim Spiel mit den Kindern. Den zweien, die seine Lebensgefährtin mit in die Beziehung gebracht hat, dem eigenen aus erster Ehe und, wer weiß, eines Tages noch ein paar gemeinsamen. Ein im Prinzip pro-feministischer junger Mann mit einer prinzipiell post-feministischen Freundin.

Die beiden können ihre anstrengende Patchworkfamilie nicht einfach dadurch über die Runden retten, dass sie in die konservativen Rollenklischees von TV-Ekel Alfred Tetzlaff oder Familie Hesselbach zurückfallen. Aber auch nicht dadurch,

dass jedes Stündlein Broterwerb, Haushalts- oder Familienarbeit, jede Höflichkeitsgeste und jeder Gedankenaustausch
politisch korrekt „gender-gemainstreamt" wird. Das findet
Opa übrigens gut an allen seinen Kindern und Schwiegerkin-
dern: Für Ideologie-Debatten sind die viel zu pragmatisch.

Kapitel 10
Karl. Und was zum Glück nicht fehlt

„Kaum bin ich pensioniert, bricht die deutsche Atomindustrie zusammen." Karl Zinn[32] lachte damals und bat mich herein. Das erste Mal trafen wir uns wenige Wochen nach dem spektakulären Beschluss der schwarz-gelben Regierung Merkel vom 6. Juni 2011, acht deutsche Atomkraftwerke sofort und alle weiteren stufenweise bis zum Jahr 2022 abzuschalten. U.a. deshalb besuchte ich ihn. Einen Rentner, der über 35 Jahre lang für die Sicherheit von Kernkraftwerken mitverantwortlich war. „Ich hab auch mal eins abschalten lassen, so ist das nicht." Pause, verschmitztes Grinsen. „Aber nur für kurze Zeit. Bis unsere Beanstandungen behoben waren." Was beanstandet er heute? An seinem Leben zehn Jahre später?

Er hat sich hochgearbeitet. Erst Diplom-Ingenieur für Elektrotechnik, dann Studium der Kerntechnik an der Technischen Universität München, dann fünf Jahre Siemens und schließlich Chef von zwei Abteilungen beim TÜV, der im Auftrag der Landesumweltministerien die regionalen Kernkraftwerke überprüft. „Prüfen, prüfen, prüfen. Von der Genehmigung der Pläne zur Errichtung eines Meilers, über die Inbetriebnahme, bis zur regelmäßigen Kontrolle des laufenden Betriebs." Karl sagte das ohne hochgezogene Augenbrauen. War er denn kein bisschen stolz auf die Macht, die er mal hatte?

„Stolz wäre das falsche Wort. Wir wurden ja von den Technikern in den Kraftwerken nicht gefürchtet wie ein Steuerfahnder, der die Buchhaltung einer Bäckerei sehen will. Wir wurden als Fachkollegen geschätzt, mit denen man sich über technische Neuerungen und die Analyse von Störfällen unterhalten konnte. Wenn ihre schriftlichen Regelwerke und die gesetzlichen Bestimmungen der Aufsichtsbehörde nicht mehr dem Stand der einzelnen Komponenten entsprachen, dann waren wir es, die das aktualisieren konnten. Als Scharnier zwischen Umweltministerium und Betreiber sozusagen.

Das Vertrauen und die Kooperation von, ich schätze mal, tausend Kernkraft-Ingenieuren auf der ganzen Welt erwirbt man sich nicht durch beamtenhaftes Machtgetue, sondern durch Mitredenkönnen auf Augenhöhe. Von hochqualifizierten Spezialisten fachlich ernst genommen zu werden – das hat mich schon, sagen wir mal, äh, gefreut."

Nicht geehrt hatte es ihn, mit Stolz erfüllt oder gebauchpinselt, nur: „gefreut". Ist Karl Zinn von Haus aus so bescheiden oder hat er es sich nur abgewöhnt, ehrpusselig zu sein?

Achtstundentage gab es selten, 50 % seiner Arbeitszeit im Jahr war er unterwegs – „bei Komponentenherstellern und Zulieferern, deren Produkte wir ja auch zu prüfen hatten" –, auf internationalen Fachkongressen rund um den Globus hat er Vorträge gehalten „und manchmal drei Sessions an einem Tag geleitet", aber all diese Erfolgserlebnisse erwähnt er weder angeberisch noch in koketter Untertreibung. Nicht die

Spur einer stammtischkrachenden „Was-hamwer-damals" –
Erinnerung.

„Aber Verantwortung tragen bringt doch Aufwertung",
versuche ich es noch mal. Einfluss haben und wichtig sein
stärkt doch das Selbstwertgefühl, oder nicht? „Sicher", nickt
Karl heute. Je länger solche Gefühle her sind, umso lebhafter
erinnert er sich daran. Mit einem Gesichtsausdruck, den man
„versonnen-nostalgisch" nennen könnte, gießt er mir Mineralwasser ein, „aber im Grunde habe ich erst Monate nach
meiner Pensionierung gespürt – und genieße es mit jedem
Jahr Abstand mehr! –, wie viel Verantwortungsdruck damit
von meinen Schultern genommen wurde. Während der knapp
vierzig Jahre im Beruf war das keine Last für mich."

Ich muss so ungläubig dreinschauen, dass er nachlegt:
„Zum Beispiel in der Silvesternacht der Jahrtausendwende,
am 31. Dezember 1999 um 23.59 Uhr, da stand ich im Kontroll-
raum von Neckarwestheim."

„Weil die Angst umging, die Computer könnten irgendwie
die Zahl 2000 falsch interpretieren?"

„Ja. Aber es war doch selbstverständlich, vor Ort zu sein.
Auch zu so einer unchristlichen Zeit ..."

Ein bei Rentnern häufig beobachtetes Phänomen treffe ich
bei meiner Langzeit-Nachfrage hier nicht an: Je schmerzlicher
der Abschied von Macht und Einfluss war, umso glorreicher
idealisieren manche die zurückliegenden Berufsjahre. Karl tut
das nicht. Und was ist mit demselben Phänomen, nur umgekehrt: Je schmerzlicher der Statusverlust war, umso heftiger

wird beteuert, wie froh man sei, aus diesem Laden endlich raus zu sein? Wie erleichtert, von den neuesten Entwicklungen nicht mehr betroffen zu sein und dass die jüngeren Nachfolger jetzt „ihren Dreck alleine machen" müssen?

Nein, kein Blick zurück im Zorn. Der knochentrockene Ingenieur für elektronische Steuerungstechnik denkt offenbar genauso entspannt an seine Berufstätigkeit zurück, wie er gerade vor mir sitzt: rotes T-Shirt, blaue Jogginghose, graue Pantoffeln. Eine „stattliche Erscheinung" sieht anders aus. Zwölf Ingenieure hatte er unter sich, einen Hauptabteilungsleiter und einen Geschäftsführer über sich.

„Einmal bekam ich einen Anruf, ob der Chef zu sprechen sei. Er stand gerade in meinem Büro, schüttelte heftig den Kopf und winkte ab. Ich reichte ihm den Telefonhörer rüber und sagte: ‚Dass Sie nicht da sind, sagen Sie dem Anrufer am besten selbst.'"

„Und seitdem gab es portionierte Rache?", vermute ich, „Intrigen, Schikane, Mobbing?" „Überhaupt nicht. Wir sind immer noch freundschaftlich verbunden. Ich ging ja zweimal im Jahr zum TÜV-Rentner-Treff und nahm in den Jahren bis zu meiner Erkrankung auch noch gerne die Einladung zum Betriebsausflug an." Das ist seit einiger Zeit zu beschwerlich geworden.

Noch ein unauffälliger, aber bemerkenswerter Unterschied. In der einschlägigen Fachliteratur ist zu lesen, je höher die Position in der Firmenhierarchie war, umso seltener ließen sich die pensionierten Amtsträger auf Empfängen, Jubiläen, Betriebsausflügen und Weihnachtsfeiern ihrer alten Firma blicken. Im Adressverteiler bleiben und offiziell eingeladen werden? Ja, unbedingt. Hingehen? Eher selten.

Man möchte in Erinnerung *bleiben*, sich aber nicht in Erinnerung *rufen*. Außerdem, so hatte ich bei meinem damaligen Besuch bei Karl gehört, lebten die Gespräche bei solchen Wiedersehensfesten ja von gemeinsamen Erlebnissen, gemeinsam bekannten Auslöser-Stichworten und Namen. Dieses „teilbare Gemeinsame" wird aber kleiner, je länger die Berufstätigkeit zurückliegt und je weniger neue Mitarbeiter man kennt. Peu à peu schlafen die Kontakte zu befreundeten ehemaligen Kollegen ein. Kommt eine mehrmonatige Krankheitspause hinzu, wie in Karls Fall, „trennt sich irgendwann die Spreu vom Weizen" sagt er und öffnet kurz die Hände zur typischen „Wat willze machen"-Geste.

Ist also doch nicht alles anders bei Karl, dem Kernkraftkontrolleur vom TÜV? Ich unternehme eine dritte und letzte Probebohrung, ob in den Tiefenschichten seines Gemüts nicht doch Reste von Wehmut oder Bitterkeit zu finden sind: „Dreieinhalb Jahrzehnte Berufsleben für die Atomkraft und am Ende dann Fukushima! Den endgültigen Ausstieg der Bundesregierung aus der Laufzeitverlängerung nannte die *FAZ* ‚Das Ende des Dreißigjährigen Krieges'. Und die japanischen Zeitungen schreiben jedes Jahr am 6. August, dem Gedenktag von Hiroshima, man könne wohl doch nicht zwischen friedlicher und tödlicher Nutzung der Kernenergie unterscheiden. Wie ging es Dir damals, so was zu hören und zu lesen?"

Karl Zinn schweigt und überlegt. Sein Blick geht zur Wand über dem Esstisch, wo mir erst jetzt eine Unmenge von

Kinder- und Familienbildern auffallen. Jungen, Mädchen, Männer, Frauen. Jedes Alter. Sommer, Winter, Urlaub, Schule – viele Einzelporträts hängen da, Bilder von Paaren, Gruppenfotos. „Na ja", holt Karl tief Luft, „Kernkraftwerke waren und sind so sicher, wie etwas von Menschen Gemachtes sicher sein kann. Sie wurden härter und häufiger gecheckt als jeder Jumbojet. Bei uns jedenfalls. Gegen Materialermüdung oder einen Trafo in Brunsbüttel, der brennt, weil er mit Öl betrieben wird, kann man was machen. Gegen die Fehlerhaftigkeit von Menschen nicht. Und gegen Naturkatastrophen letztlich auch nichts. Was mich manchmal gekränkt hat, ist, dass in der Öffentlichkeit niemand würdigte, was wir geleistet haben." Er überlegt wieder einen Moment lang.

„Aber das ist doch berufstypisch", will ich ihn trösten, „Bodyguards werden ja auch nicht mit der Zeitungsschlagzeile geehrt ‚Heute wieder kein Attentat auf die Kanzlerin'."

„Das stimmt. Unser Job war, dass nichts passierte und es nicht den kleinsten Anlass für Alarm gab. Aber wenn auf der rechten Rheinseite der Salat untergepflügt werden muss, weil er strahlenbelastet sein könnte, und dann wird der Salat von der linken Rheinseite verkauft, aus Frankreich, 700 Meter weiter – das war schon absurd."

„Absurd", sagt Karl. Nicht „zynisch". Ich staune. Wie viel Verachtung für „die Medien" hätte sich bei ihm aufstauen können im Laufe der Jahrzehnte, wenn Atomkraftwerke als störanfällig gebrandmarkt wurden, sobald die Schranke im Parkhaus klemmte. Mir fallen die Braunkohle-Arbeiter vom Hambacher Wald und die Baggerfahrer in der Lausitz ein. Wie viel verbissenes Festhalten an der Theorie einer „links-grünen Lügenpresse", die den Klimawandel herbeifantasiere und eine stolze Rohstoffindustrie schlechtrede! So viele „Pegida"-Populisten auf der Straße und in den Rathäusern, die sich als Robin Hoods der Enterbten präsentieren und ihre Wut stimulieren.

Wie viel Bitterkeit gegen „die Politiker" müsste Karl hegen, wenn jeder Wahlkampf in einem Bundesland für neue Kehrtwenden in der Energie- und Umwelt-Gesetzgebung sorgte. So viel Uneindeutigkeiten auf Ministeriumsseite, so viel Durchstechereien bei den Betreibergesellschaften hatte es gegeben – Karl Zinn sitzt da und ist das Gegenteil eines Märtyrers. Kein Opfer-Pathos, kein Schaum vorm Mund, kein Wehgeschrei des ewig Missverstandenen. Stromerzeugung durch Kernspaltung wird es in Deutschland bald nicht mehr geben, basta. Braunkohle in ferner Zukunft auch nicht.

Karl sagt nur: „Hoffentlich reichen die erneuerbaren Energiequellen."

„Ja", sage ich, „muss man mal sehen."

Dabei ist er alles andere als ein Phlegmatiker. Lang ist die Liste der Dinge, Zustände und Personen, die ihn ärgern. Manches davon schwitzt er sich weg: An drei Tagen der Woche ging Karl je zweieinhalb Stunden lang ins Fitness-Studio, bis die Krankheit ihn „kürzertreten ließ". In die Pedale des Hometrainers wahrscheinlich. Aber wenn er an seinen Beruf zurückdenkt, herrscht Ruhe im Karton. Es gibt ein etwas pastoral klingendes Wort für Karls Zustand: Gehaltensein.

Einer der Gründe für dieses Im-seelischen-Gleichgewicht-Gehaltensein wird mir stehend anhand der Wandfotos erklärt: „Das ist unsere Älteste, verheiratet mit einem Architekten, drei Kinder. Dann die Zweite, verheiratet mit einem Pastor, zwei Kinder. Die Dritte ist mit einem Verwaltungsmenschen verheiratet und hat zwei Kurze. Und unsere Jüngste mit einem Volkswirt, drei Kinder. Vier Töchter, vier Schwiegersöhne, zehn Enkel …"

„… macht zusammen mit Dir und Deiner Frau 20 Geburtstage pro Jahr", staune ich. „Mehr", sagt Karl, „wir haben schließlich noch Geschwister. Die haben Ehepartner. Und ein gutes Verhältnis zu den Eltern unserer vier Schwiegersöhne haben wir auch, also rechne mal mit mindestens 30 potenziellen Anlässen für Familienfeiern. 30, pro Jahr." Er lächelt die Bilder an, schaut zu mir herüber. Ich sehe jene Spur von Stolz, die ich bei der Aufzählung seiner Berufserfolge vermisste.

Beim Gedanken an jährlich mehr als zwei Dutzend Geburtstagsfeiern würde ich in Schockstarre fallen. „Und wer kann sich all die Termine und Geschenkwünsche merken?" „Die Termine weiß mein Laptop, die Geschenke meine Frau."

Hat der Volkswirt unter seinen Schwiegersöhnen eigentlich schon mal ausgerechnet, wie viel Konsumgüterumsatz die rund 22 Millionen Opas und Omas dieses Landes machen, einfach dadurch, dass sie ihre Kinder und Enkel beschenken?, denke ich. Von den vier Hochzeiten, die Karl in den letzten Jahren mitbezahlt haben dürfte, ganz zu schweigen …

Als hätte er meine Überlegungen zur Wirtschaftsförderung des regionalen Einzelhandels erraten, sagt Karl, als wir uns wieder vor die Wassergläser setzen: „Obwohl ich neben der staatlichen noch eine gute Betriebsrente kriege, hab ich jetzt etwa 30 % weniger Einkommen als vorher. Und das Komische: Wir merken es kaum."

Wie bitte? Meine Skepsis kräuselt Falten auf die Stirn: „Wer ein knappes Drittel Verlust nicht merkt, hatte vorher 30 % zu viel!" Es soll nicht tadelnd klingen, aber so ist es doch, oder? „Nee, da haben die Kinder ja noch ihre Ausbildungen gemacht und wir haben uns auch finanziell stärker in der Gemeinde engagiert."

Das ist wahrscheinlich der zweite Grund für Karls Gehaltensein: die Kirchengemeinde. Durch alle Höhen und Krisen hindurch, mit diesen und mit jenen Pastoren, Hausmeistern und Leitungsverantwortlichen, lebt dieser Mann in einer Gemeinschaft von Gleichgesinnten, die sowohl locker als auch verbindlich ist. Nicht alle Gottesdienstbesucher muss man kennen. Nicht alle religiösen Überzeugungen muss man teilen, nicht alle spirituellen Ausdrucksformen gut finden oder mitmachen. Aber: Mit einigen dieser Christenmenschen kann man befreundet sein. Gut befreundet sein sogar. Um seine direkte Großfamilie herum hat sich so, in vier Jahrzehnten ehrenamtlichen Engagements, ein zweiter Ring aus Menschen gebildet, denen Karl und sein Befinden nicht egal ist. Die „nach ihm fragen" und „mal nach ihm schauen". Gerade dann, als es ihm nicht so gut ging wie jetzt wieder. Zehn Jahre nach der Pensionierung.

Kapitel 11
Und? Was machen die Kinder?

Was tun Sie, wenn Sie beim Telefongespräch mit Ihrer Tochter hören, dass die parallel noch ganz andere Dinge tut? Im Hintergrund scheppert Geschirr, es blubbert Wasser in ein Gefäß, es werden Stühle gerückt. Nun gut, warum sollte sie während häuslicher Erledigungen nicht auch zuhören können. Aber wenn im Laufe des Telefonats eine Tastatur klappert, ganz still, nur so hin und wieder? Mutter würde fragen: „Surfst Du parallel bei Pinterest?", und munter weiterplaudern, was sie denn da gerade Schönes sucht. Vater würde das Telefonat freundlich, aber zügig beenden.

Weil er nicht stören möchte? Nein, weil er beachtet werden möchte. Ob seine Kinder überhaupt noch ernst nehmen, was er so erzählt – das kann er am Telefon nur akustisch erahnen. Am heimischen Esstisch kann er es sehen: Er hält Blickkontakt, während die Angesprochenen anfangen, mit irgendwem zu chatten.

Wenn denn die – mit jedem Studiensemester schwankende – Zahl stimmt, dass schon vor 15 Jahren etwa ein Drittel aller 55- bis 69-Jährigen mit ihren jung-erwachsenen Kindern unter einem Dach lebten und nur 10 % von ihnen die Kinder weiter als zwei Autostunden entfernt wohnen hatten[33], dann gab es noch nie so viele Mehrgenerationen-Haushalte wie heute und vielleicht noch nie so lang anhaltende enge Bindungen zwischen alten Eltern und jung-erwachsenen Kindern. Freizeitforscher Horst Opaschowski meinte schon vor 25 Jahren, der Anteil jener Ruheständler, die das Zusammensein mit ihren Kindern und Enkeln als wichtigen seelischen „Naherholungsort" bezeichnen, habe sich verdreifacht.[34]

Fragt man die Mütter, wie sich dieses späte Familienglück denn praktisch im Alltag anfühlt, beschreiben sie es fast uneingeschränkt positiv: Es ist schön, gebraucht zu werden. Viel Kontakt mit Jüngeren zu haben, hält jung, heißt es. Noch lange für die Kinder sorgen zu müssen oder zu dürfen, lässt erst gar kein „Empty-Nest-Syndrom" aufkommen oder mildert es zumindest ab. Federt möglicherweise auch den „Pensionierungs-Schock" mancher Alters-Ehe ab, plötzlich zu zweit allein zu sein.

Fragt man die Kinder, kommen auch keine Klagen. Wer wollte schon meckern oder undankbar sein, wenn man kostenlos wohnen, essen, Geräte ausleihen, Waschmaschine, Mikrowelle und vor allem das Auto mitbenutzen darf?

Fragt man hingegen die Väter, verblassen die herbstlichbunten Farben des Elternglücks manchmal ein bisschen. „Na ja, ich bin ja damals zur Ausbildung erst mal weggegangen …" oder „Och, wie soll ich sagen, ich war in dem Alter schon finanziell unabhängig …"

So fangen Geschichten jener Männer an, die als „Babyboomer" der Jahrgänge 1945 bis '65 geboren wurden. Vielleicht muss man die gleichaltrigen Freunde der 55- bis 69-jährigen Eltern fragen, um etwas „objektivere" Perspektiven zu hören.

Schleichen wir im Geiste mal an einem frühlinghaften Ostermontag im Harz, an einem sonnigen Pfingstwochenende im Erzgebirge oder im goldenen Oktober auf einem Wanderweg des Schwarzwaldes den ergrauten Grüppchen hinterher: Die Männer reden über derzeitige Tätigkeiten, Projekte, Dinge, Gegenstände und Anschaffungen. Die Frauen über derzeitige körperliche Befindlichkeiten, Neuentdeckungen in der Ladenpassage, gemeinsame Bekannte und deren komplexen Beziehungen zueinander.

Platz 2 der Themen-Top-Ten aber wird von einer Frage aufgeworfen, die Männer und Frauen gleichermaßen, geschlechterübergreifend, sofort beantworten können müssen: „Und? Was machen die Kinder?"

Die Frage setzt ganz selbstverständlich voraus, dass man es weiß. Die Antwort „Woher soll ich das wissen? Die sind erwachsen, frag sie doch selbst!" wäre ein Affront, ein Indiz für zerrüttete Verhältnisse.

Dass 83 % der 18-jährigen Männer noch zu Hause wohnen (auch wenn das G-8-Gymnasium einen frühen Schulabschluss ermöglicht), scheint einleuchtend. Dass 25 % aller knapp drei Millionen Studierenden 2019 „bei oder mit den Eltern leben", mag man neutral zur Kenntnis nehmen.[35] Aber müssen das auch 12 % der 30-jährigen Männer?[36]

Sagen Eltern das Wörtchen „noch", ist es eine unterschwellige Ermahnung, sich doch bitte zu beeilen mit dem Erwachsenwerden. Steht es in Zeitschriftenartikeln zum Thema, ist es eine Beschönigung der realen wirtschaftlichen Lage. „Noch" zu Hause wohnend oder „noch" von den Eltern finanziell abhängig zu sein, ist das Grundproblem jener zwischen 1981 und 1998 geborenen Kinder, die als „Generation Y" oder „Millenials" publizistisch von sich reden machten: Leben in der Vorläufigkeit, Leben in der Warteschleife, also in Tätigkeiten oder an Orten, die sich „später gut in der Bewerbung machen". Später. Wenn „erst mal" das Fachabitur, „erst mal" der Bachelor, „erst mal" das Auslandssemester und dann „erst mal" der Master gemacht sind und man „zunächst" zwar mit niedrigem Einstiegsgehalt anfängt, aber dann!

Kaum ein Mensch erinnert sich daran, dass das viel zitierte, beinah sprichwörtlich gewordene „Hotel Mama" aus dem Titel eines Kinderbuches von Evelyn Sanders stammt. 1998 hieß das noch „Hotel Mama, vorübergehend geschlossen". Inzwischen wissen wir, wie unfreiwillig prophetisch der Nachsatz war. Vorübergehend. Es ist nur vorübergehend geschlossen ...

25 % aller 30-Jährigen haben einen nur kurzzeitig befristeten Arbeitsvertrag, befinden sich in Teilzeit- oder Leih-Arbeit, in einem unbezahlten Praktikum oder in einem studiengebührenpflichtigen Zweit- oder Drittstudium. Da ist es verständlich, warum „die Hassfrage meiner Generation lautet: ‚Und, weißt Du schon, wie es danach weitergeht?'"[37], schrieb die Berliner Journalistin Meredith Haaf, als sie 38 war.

Mama (und erst recht Papa) sollten aufhören, das zu fragen. Ihre Kinder wissen nicht, wie es danach weitergeht. Und die, die es wissen, wissen nicht, ob es morgen noch stimmt. An den Schulen und Universitäten, in den Betrieben und Fortbildungseinrichtungen kann es ihnen auch keiner sagen, selbst bei Bestnoten und mit glänzenden Bescheinigungen nicht. Was die Professoren und Personalchefs den zögerlich-unentschlossenen Vertretern der „Generation Praktikum" dagegen sehr präzise sagen können, ist, dass sie nicht länger zögern und unentschlossen bleiben dürfen, wenn sie noch „was werden wollen" im rauen Wettbewerb. Aber was wollen sie werden? Wenn sie das wüssten! Vor allem junge Männer seien „Alles-richtig-Macher-und-nichts-richtig-Woller"[38], klagen manche junge Damen Ende zwanzig, die insgeheim auf einen Heiratsantrag warten.

Ein Vater, der mit seinen gleich alt gewordenen Freunden gerade plaudernd durch die Wälder wandert, kennt den Witz dazu: „Als mein Sohn acht Jahre alt war, wollte er Pirat oder Indianerhäuptling werden. Das fand ich altersgemäß und verständlich. Als er sechzehn war, wollte er Arzt oder Ingenieur werden. Das fand ich sehr vernünftig und bestärkte ihn darin. Jetzt ist mein Sohn 24 und ich wäre gottfroh, wenn er wenigstens Pirat oder Indianerhäuptling werden würde. Er weiß nämlich nicht, was er werden will."

„In diesem unwirtlichen Klima sucht meine Generation ihren Rückhalt bei Familie und Freunden, vor allem aber bei den Eltern, die einem hoffentlich zur Not auch mal unter die Arme greifen. Die einen wieder in die Doppelhaushälfte einziehen lassen oder schön mit einem essen gehen", schrieb Meredith Haaf weiter.[39]

Sehnsuchtsort Doppelhaushälfte?! Wer das nicht glauben mag, sollte sich nach einem langen Feiertags-Wochenende die Facebook-Einträge studentischer Freundeskreise zeigen lassen: Neben den üblichen Fotos wilder Saufgelage in „Lounges" und „Klubs" gibt es auffällig viele Bilder und Berichte von kreuzbiederen Familientafeln voller Sauerbraten, Knödel, Kohlrouladen und Bratkartoffeln mit Speck. Je altmodischer die Gerichte, umso zahlreicher die geposteten „Mag ich"-Daumenhochs der Follower. Garniert mit witzigen Kommentaren – „Wurstsalat ist auch ein Gemüse", „Mamas gutes Rezept-Plagiat" etc. Eine in retrobraun nachgefärbte Bildergalerie als Beweis der heilen Welt im Schoß der Familie.

Natürlich gibt es Soziologen, die pauschalisierende, typologisierende Etiketten für bestimmte Generationen X, Y oder Z – dummes „Gerede" finden. So „präzise wie ein Horoskop" und nichts weiter als „ein Generationenmythos, der als Arbeitsbeschaffungsmaßnahme für Personalchefs und Autoren von Pseudo-Ratgebern" fungiert.[40] Mag sein. Aber eine unübersehbare Gemeinsamkeit der 1945 bis 1965 geborenen „Babyboomer", „Alt-68er" und „Ex-Hippies" ist doch: Abnabelung, Individuation, Selbstständigkeit, Unabhängigkeit und bewusster Traditionsbruch galten als erstrebenswert. So erstrebenswert, dass sie dafür eine frühestmögliche Nestflucht und lange Jahre zwischen Orangenkisten, nackter Glühbirne an der Zimmerdecke und Matratzenlager auf dem Fußboden in Kauf nahmen.

Wer noch Anfang der 70er skandierte „Unter den Talaren der Muff von tausend Jahren", der hält heute fassungslos die

Einladung in Händen, einen „Schnuppertag für Eltern" an der Uni zu besuchen! Damit besorgte Muttis nachschauen können, ob ihr Kind im Hörsaal auch bequem sitzt?? Kopfschüttelnd bleiben sie vor dem Plakat der Edel-Klublounge stehen, Samstag sei „Elternabend". In der Disco?? Aber ja doch: Der DJ legt Oldies auf und das erste Getränk ist für alle Ü-Fifties gratis!

„Und? Was machen die Kinder?" Während Papa auf dem Höhenwanderweg der Vulkaneifel noch darüber nachdenkt, warum schon seit Stunden niemand seiner Freunde nachfragt, was *er* denn so macht oder gemacht hat – er hat einen Carport errichtet, zwei Zahnimplantate bekommen, drei kaputte Fahrräder flott gekriegt, vier knifflige Vereinssitzungen geleitet –, denkt Mama darüber nach, ob ihre Kinder einverstanden wären, wenn sie jetzt die schlichte Wahrheit sagte: „Och, im Moment eigentlich nichts."

Tochter Julia ist nämlich nach der Auflösung ihrer Berliner WG „erst mal" wieder zu Hause eingezogen. Sohn Konstantin hat sein Abendstudium „erst mal" abgebrochen, als ihm ein „Projekt für Softwareentwicklung" in Aussicht gestellt wurde. Die mittdreißiger Ex-Frau seines besten Freundes ist als Alleinerziehende mit Kleinkind „erst mal" zu ihren Eltern zurückgekehrt. Wo sollte sie denn auch sonst hin?!

Anders als Papas präzise datierbare Pensionierung – „Klappe zu, Affe tot" –, ist Mamas Zeitangabe „Die Kinder sind jetzt aus dem Haus" eine vorläufige und vage Information. Möglicherweise meint sie damit eine mehrjährige wechselvolle

Zeitspanne mit offenem Ende. Denn so richtig und für immer gehen die heute jung-erwachsenen Kinder selten aus dem Haus.

„Und? Was machen die Kinder?" Die machen gerade „ewige Post-Adoleszenz". Traditionell teilte die entwicklungspsychologische und pädagogische Fachliteratur das Heranwachsen eines Menschen in drei Phasen ein: Kindheit, Pubertät und Adoleszenz. Von 0 bis 12, von 12 bis 16, von 16 bis 24. Grob gerechnet. Seit Computer und Fernsehgerät im Kinderzimmer angekommen sind, das Eintrittsalter für den Kindergarten auf zwei Jahre abgesenkt wurde und sich dieser Kindergarten vom ersten Tag an als „Vorschule" versteht, hat aber eine drastische Verkürzung der Kindheit stattgefunden. Kleinkinder beschäftigen sich mit Grundschulwissen, Grundschülerinnen bekommen mit neun die erste Monatsregel, Jungen von elf Jahren tauschen Pornofilme auf ihren Smartphones aus. Am anderen Ende des Zeitstrahls, Mitte zwanzig, zögert sich aber der Eintritt in ein elternunabhängiges, vollständig selbstständig verantwortetes Berufs- und Ehe-Leben immer weiter hinaus.

Endet nun die Kindheit immer früher und beginnt das Erwachsensein immer später, dann dehnt und verlängert sich vom etwa zehnten bis zum dreißigsten Lebensjahr eine Entwicklungsphase, in der die Identität wacklig, die Rolle unbestimmt und der Platz auf der Welt noch unentdeckt sind. Die vielleicht populärste Kurzbeschreibung dieses Lebensgefühls war Richard David Prechts Buchtitel „Wer bin ich und wenn ja, wie viele?" Die vielleicht populärste Inkarnation dieses Lebensgefühls ist der ewig postpubertäre Boris Becker.

Die vom Berliner Generationenforscher Klaus Hurrelmann herausgegebene „18. Shell Jugendstudie 2019" – eine Befragung von demografisch repräsentativ ausgewählten 2500 Jugendlichen zwischen 15 und 29 Jahren – gab zu Protokoll, für 90 % der Kids sei „ein gutes Familienleben sehr wichtig"![41] Na bitte. Friedliches Einverständnis allenthalben, pragmatische Zufriedenheit, so weit das Auge reicht? Derselbe Professor für Sozialwissenschaften hatte vor einer „Enteignung der Jugendsphäre durch die Eltern" gewarnt, wenn die durch allzu viel Anbiederung und Kumpelhaftigkeit es ihren Sprösslingen immer schwerer machten, sich „abzugrenzen".[42] (Wofür in Papas und Mamas Generation schon ein Che-Guevara-Poster an der Wand und das laute Mitsingen des Rolling-Stones-Liedes „Let's spend the night together" ausreichte ...)

Was aber, wenn diese jungen Erwachsenen – notgedrungen, aus Bequemlichkeit, aus Zweckmäßigkeit oder gar aus Bewunderung für die Meinungen und den Lebensstil ihrer Eltern – es schlichtweg aufgegeben haben, sich abzugrenzen? Was, wenn es zu ihrer viel gepriesenen „Coolness", „Geschmeidigkeit", „Flexibilität" und „lockeren Entspanntheit" gehört, erst gar keine Kompetenz- oder Konkurrenzkämpfe mit den Eltern aufkommen zu lassen?

Wo war die Grenze zwischen „gutem Familienleben" und „rücksichtsloser Inanspruchnahme", als die Tochter in Buenos Aires mit dem Handy durch ihren Kleiderschrank skypte, um Mama in Gau-Bickelheim zu fragen, welches T-Shirt sie „heute

Abend" in der Tapasbar anziehen solle? Bei Mama war es ein Uhr nachts ...

Ist es besonders verantwortungsvoll oder besonders unselbstständig, wenn der 32-jährige Sohn in Edinburgh seinem Vater die Strom- und Gasrechnung der WG „mal eben rübermailt", weil er sie nicht versteht, aber unter den Mitbewohnern gerecht aufteilen will?

„Und? Was machen die Kinder?" Die Wandergruppe der sechs oder acht rüstigen Freunde auf dem Rennsteig in Thüringen strebt einem Ausflugslokal zu. Papa ist versucht zu sagen: „Sorgen!"

Seine Tochter zeigte ihm nämlich neulich, welche astronomischen Gehälter die IT-Branche anbietet, um junge EDV-Administratoren anzulocken. Die bitte schön „state of the art" sein sollen, „up to date", mehrsprachig auslandserfahren, branchenübergreifend fachkundig – und sich all das auch üppig bezahlen lassen. Je seltener man aber welche findet, umso mehr Blender finden sich ein. Junge Menschen, denen alles zur Performance geworden ist. Deren einstudierten Auftritte und gestanzten Seifenopernsätze wirken, als sei ihr Büro ein Filmset und ihre Arbeit eine Castingshow.

Papas Wanderfreund Klausjürgen z. B. ist Personaldezernent einer evangelischen Landeskirche und weiß schon lange nicht mehr, wer sich bei einem Bewerbungsgespräch eigentlich bei wem bewirbt: Die ab ca. 1981 geborenen „Millenials" und erst recht die nach 1999 geborene „Generation Z" weiß ganz genau: Wir sind nur wenige. Weil in den kommenden 20er-Jahren aber rund 15 000 Pfarrstellen in der bundesweiten EKD zu besetzen sein werden, inszeniere die Kirche eine „große Willkommensoper[43]", findet Klausjürgen: Nachwuchsförderung bei Studienbeginn, Begleitung und Mentoring im Studium, Orientierungswochen, flexible Prüfungstermine, Umzugskostenerstattung zum ersten Dienstort, 700 Euro Talargeld, Mietkostenzuschuss, kostenfreie Kinderbetreuung während Fortbildungsmaßnahmen. Die detailliert planbare „Work-Life-Balance", eisern festgezurrte Arbeitszeiten mit garantiertem Feierabendbeginn, eine vertragliche Festschreibung jener Tätigkeiten, die per definitionem *nicht* zu den Aufgaben eines Pfarrers gehören, und eine Dienstwohnung möglichst in Südhanglage – Klausjürgen redet sich regelmäßig in Rage. Wohl wissend, dass er ein letzter Mohikaner des „allfälligen Dienstes am Menschen" ist, ein kniebundhosenhafter Preuße der Personalführung, ein Don Quijote gegen Windmühlenflügel.

Generationenforscher und Psychologe Rüdiger Maas fügte 2019 noch hinzu, nicht nur in sozialen Berufen, auch in der freien Wirtschaft würden diese Jahrgänge „viel für sich selbst herausholen wollen, aber nicht für das Unternehmen". Schließlich seien sie ja „wenig belastbar" und könnten „mit Stress schlecht umgehen".[44]

Klausjürgen hat beim Wandern schnaufend aufgeholt: Und dann die ehrenamtlichen Millenials! In den Vereinen, in den Gemeinden! Pünktlichkeit, Verlässlichkeit und Verantwortung? Ein einziges Artensterben: Verabredungen werden blitzschnell „gecancelt" oder kurzfristig verschoben; Aufgaben nicht wirklich erledigt. Sogar für nicht erbrachte

Leistungen müsse man sich ausführlich bedanken. Allein schon die Bereitschaft, dass sie ja gern mitgeholfen *hätten*, will in Bild und Text gelikt und gelobt werden.

„Und? Was machen die Kinder?" Mama ist auch versucht zu sagen: „Sorgen!" Meint aber andere: Jonas hat nämlich nicht nur sein Abendstudium, sondern auch seine Abende mit Ilona beendet. Wo diese Ilona doch so eine Nette war. Und sie, Mama, jetzt gar nicht mehr weiß, ob sie sich mit ihr noch zum Shoppen verabreden darf. Ob Ilona noch auf einen Kaffee vorbeikäme, wenn man sie einladen würde? Also nur, wenn Jonas mal nicht da ist, versteht sich ... Mama möchte unparteiisch bleiben, aber zu ihrem Sohn stehen. Nicht in fremde Kräche hineingezogen, aber auch nicht zwangsläufig mitgeschieden werden. Ihre Freundschaft zu dieser jungen Frau war aufrichtig, warmherzig, wirklich frei von jeglichem „Schwiegermutter in spe"-Getue. Muss sie das jetzt aufgeben, nur weil ihr Sohn sie nicht mehr will?

Papa kommt derweil ein verwegener Gedanke: Wenn das nun mal so ist, dass infolge moderner Kommunikationstechniken nicht mal räumliche Distanz wirkliche Abnabelung bedeutet; wenn das nun mal so ist, dass die Kinder lieber klammern und kletten, als zu kämpfen und zu krakeelen – warum machen wir und all die schlauen Erziehungswissenschaftler dann nicht einen beherzten Schnitt und geben das Projekt „Abnabelung" komplett auf?! Wann verabschieden wir uns von *unseren* Vorstellungen, wie sich „Erwachsenwerden" zu vollziehen habe?!

Ihre geistige und emotionale Unabhängigkeit, ihre alltagskulturelle und weltanschauliche Eigenständigkeit entwickelt die Generation Praktikum ja möglicherweise *trotz* ihrer finanziellen Abhängigkeit von uns! Vielleicht lernen die Jungvögel ja auch dann das Fliegen, wenn wir sie *nicht* vom Nestrand schubsen, wer weiß? Fassen wir uns ein Herz und gestehen wir ein, dass all unsere Ideale von Emanzipation und Individuation, von notwendigen Freud'schen Vatermorden und Tabubrüchen, dringend erforderlichen Abschieden und Aufbrüchen zur „Selbstwerdung" vielleicht ja nur eine historische Zwischenphase waren? Ein zur psychologischen Notwendigkeit erhobener Wunschtraum der Nach-Nazi-Enkel und der *Emma*-Leserinnen früher Jahre?! Unsere Kinder *sind* ja anders als wir. Aber sie sind anders anders, als wir das von ihnen erwartet hatten.

„Und? Was machen die Kinder?" Eine sozialwissenschaftlich formulierte Antwort müsste jetzt lauten: „Ihr Distinktionsbedürfnis hat sich auf uns, die Eltern, verlagert." Heißt auf Deutsch: Wir sind es, die sich auch mal abgrenzen müssen. Selbst dann, wenn die jung-erwachsenen Kinder nicht mehr zu Hause wohnen, aber mehr oder weniger häufig dort aufkreuzen. Unangekündigt und in unbekannt großer Zahl. Was es für Mama schwierig macht, Essenszeiten und Essensmengen zu kalkulieren.

Nein, ob ihre Söhne die daheim mühsam erworbenen Kenntnisse im Bügeln und Saugen, im preisbewussten Einkaufen und ökologisch korrekten Kompostieren auch in ihren

WGs anwenden, ist Mama schon lange egal. Aber wie sich ihr Leben hier zu Hause verändern wird, wenn Tochter Karin das erste Enkelchen zur Welt bringt – das treibt sie um. Papa übrigens auch. Dem erzählen seine Wanderfreunde nämlich gerade, dass er gottfroh sein kann, überhaupt noch Opa zu werden.

Kapitel 12
Uwes Aufschieberitis und Zeitgefühl

Ein Wiedersehen mit ihm plante ich, nachdem jemand am Telefon erwähnt hatte – ganz beiläufig, im Nebensatz –, Uwe sei „ja beim Arzt neulich ausgerastet". Uwe und ausgerastet?

Er machte vor Jahren den Eindruck eines eher introvertierten Technokraten, der als junger Bergbau-Ingenieur den Strukturwandel des Ruhrgebiets mit westfälischem Beharrungsvermögen und stiller Schlitzohrigkeit überlebt hatte. So gut überlebt hatte, dass er von der Steinkohle über das Erdgas schließlich beim Solarstrom gelandet war, im mittleren Management.

Uwe bewohne inzwischen die Hälfte einer ehemaligen Bauernkate weit draußen am Niederrhein, hieß es, hätte Stall und Heuboden zu einem schmucken Nest ausgebaut. Dann ist er vermutlich doch privat krankenversichert, denke ich, hat den roten Teppich zum Gott in Weiß. Warum also beim Arzt ausrasten?

Uwe ist 65 und wurde mit 59 nach Hause geschickt. Mit einer Abfindung, die im Freundeskreis als „satt" bezeichnet wurde oder als „goldener Spazierstock", ohne dass jemand die exakte Summe kannte. Wer braucht schon harte Fakten, wenn er weiche Vermutungen hat. Ob die Adresse, auf die ich zufahre, den letzten Händedruck des Chefs widerspiegelt oder auf Pump erworben wurde – wen juckt's.

Das Häuslein ist wirklich schnuckelig. „Der ideale Rückzugsort", sagt Uwe schon an der Tür. „Die Frage ist nur: Rückzug wovon?", ergänzt Saskia. Draußen wiegen sich die Pappeln im böigen Wind. Wenn der schweigt, hört man Lerchen trillern.

„Die kleine Abfindung war, nun ja, eine Art Dankeschön dafür, dass ich mich arbeitsrechtlich nicht bockig stellte oder auf Altersteilzeit bestand. Eine Art Stillhaltegeld dafür, dass ich mich drei Jahre lang nirgendwo sonst bewerbe. Schon gar nicht bei unseren Konkurrenten in der Branche. Im Grunde ein Witz: Die anderen Energiekonzerne sind doch auch nicht Rudis Reste-Rampe für Altpersonal. Außerdem wäre ich als eher technischer Manager mit den rasanten Neuerungen der Digitalisierung gar nicht mehr zurechtgekommen. Also hieß es: ab ins Altenteil."

Saskia ist Uwes zweite Frau. Ein Jahr älter als er. Sie kannten sich schon aus Schulzeiten und „erinnerten sich aneinander", wie Uwe lachend sagt. „... Wenn auch fünfundzwanzig Jahre zu spät", fügt Saskia hinzu. Lächelt aber charmant bedauernd zu ihm hinüber. Nicht geheiratet haben sie, um Saskias kleine Rente nicht zu verlieren. Das Wort „wilde Ehe", im Ton moralischer Entrüstung, habe sie zuletzt von ihrer Mutter gehört, erzählt Saskia. „Aber die ist ja auch noch regelmäßig nach Kevelaer gepilgert" – ein katholischer Wallfahrtsort in der Nähe – „und nannte meinen Umzug in Uwes Haus ein

‚Bratkartoffelverhältnis'. Als ginge es mir nur ums Versorgt-sein, egal, bei wem.“

„Verletzend, oder?“, unterbreche ich sie.

„Anfangs ja. Aber als die katholische Kirche eine Erziehe-rin aus ihrem Kindergarten warf, weil sie geschieden und wie-derverheiratet war, da wollte sogar meine Mutter nicht mehr päpstlicher sein als der Papst. Was Ehe angeht, meine ich.“

Soweit ich mich erinnere, war Uwe immer ein gläubiger Protestant und wurde in den Jahren der Scheidung seelisch gut aufgefangen von seiner Kirchengemeinde.

Uwe ist in Gedanken offenbar beim Thema Rentnersein geblieben: „Wenn Du fast drei Jahrzehnte lang jeden Tag ein glasklares Zeit-Korsett hattest; wenn alles, was gemacht werden musste, einen zwingenden Termin hatte, eine innere Zeitfenster-Logik ...“ Er steht am Schrank und holt Weingläser heraus. Es ist früher Nachmittag und ich muss noch fahren, „wenn sogar auf Dienstreisen alles zeitlich strukturiert, im Grunde klar getaktet war ...“

Während Uwe in diversen Schubladen des Wohnzimmer-schranks nach einem Korkenzieher sucht, verspricht Saskia, in der Küche Fruchtcocktails herzurichten.

„... dann genießt Du am Anfang erst mal die unfassbare Freiheit, nichts mehr zu müssen. Urlaub forever. Du tust nur noch, wozu Du Lust hast. Sehr schön, wirklich. Bis Du irgend-wann immer weniger Lust hast, was zu tun. Ach, da ist er ja!“ Uwe hat den Korkenzieher gefunden, dekantiert die Flasche und atmet das Bouquet ein. „Piemont. Ein Barbera. Aber tro-cken. Prost.“

„Warum? Warum hattest Du immer weniger Lust, etwas zu tun?", frage ich.

„Das wusste ich anfangs selbst nicht so genau. Tätigkeiten, die zwar prinzipiell mal gemacht werden müssen, aber nicht unbedingt bis zu einem Termin – die nimmst Du nicht so ernst. Verstehst Du: Wenn ich eine Arbeit heute oder morgen oder mittags oder abends oder auch übernächste Woche machen kann – dann kann sie so wichtig ja nicht sein. Die Aufgabe verliert an Wertigkeit, sie sinkt in deiner Wertschätzung."

„Kann sein, ja", entgegne ich und bin noch skeptisch, „die Tage sind gleich lang, aber unterschiedlich breit. Tätigkeiten gewinnen doch ihren Wert nicht nur aus Zeitdruck bis zum Fertigungstermin, sondern aus Spaß an der Sache, oder?"

„So scheint es auf den ersten Blick. Und als Rentner prahlst Du sogar noch damit, nur aus Lust und nicht aus Pflicht zu arbeiten. Tatsächlich aber machst Du das Leichteste zuerst, dann das Angenehme und dann das Nötige eventuell. Aber echte Herausforderungen oder unangenehme, schwierige Arbeiten, die schiebst Du auf den Sankt-Nimmerleins-Tag."

„Aufschieberitis? Macht doch nichts", werfe ich ein. Was ziemlich unsensibel ist, denn genau dies scheint Uwes Problem zu sein.

„Eben, eben! Es macht alles nix! Ob Du glänzt oder scheiterst, ist letzten Endes wurscht, es macht wirklich nichts und es bleibt ja auch meistens folgenlos ..." „... wenn Du nicht gerade die Gasheizung fehlerhaft installiert hast", füge ich hinzu und ernte zustimmendes Gelächter.

„... Aber sonst: Es ist alles nett, es ist meistens weder eilig noch wichtig, aber ich mache vieles mit abnehmendem Spaß an der Freude. Mit zunehmender Langeweile. Im Berufsleben wurde jeder Handschlag dadurch sinnvoll, dass er eine bemessene Frist hatte und dass er Geld brachte. Jetzt gibt's Zeit bis zum Abwinken, keinen Cent für nix und – die Luft ist raus. Bei mir jedenfalls."

Saskia kommt mit drei Gläsern Fruchtpunsch auf einem Tablett zurück, macht eine kurze spöttische Bemerkung zu Rotwein am Nachmittag und setzt sich. „Uwe braucht halt Druck" – er schüttelt dazu heftig den Kopf – „weil er so lange auf Pflichterfüllung geeicht war. Jetzt bin ich die Einzige, die Druck macht und ihn an dringende Pflichten erinnert. Aber das ist natürlich eine blöde Rolle, immer die meckernde Chefin zu sein."

Uwe ändert die Sitzhaltung. „Von den Schlaumeiern in den Ratgeber-Artikeln der Zeitschriften kriegst Du zu hören, wer als Rentner auf die Uhr schaue, habe seine innere Mitte noch nicht gefunden. Ich hätte meine neue Lebenssituation nicht akzeptiert! So ein Quatsch." Wenn ich ehrlich bin, hatte ich das vorhin auch gedacht. „Dabei ist es doch ganz einfach: Leistung ist definiert als Arbeit innerhalb einer bestimmten Zeit. Wenn Du für Deine Arbeit aber undefiniert viel Zeit hast, verliert die Leistung an Wert. Einer Tätigkeit Bedeutung oder Wichtigkeit verleihen – das musst Du immer selbst."

„Oder die routinierte Gewohnheit, der traditionelle Tagesablauf macht die Tätigkeiten wichtig", wende ich ein, „darüber machen sich doch unsere Kinder lustig: Dass alte Leute ein eisernes Zeitkorsett einhalten. Um Punkt zwölf wird gegessen. Wehe, wenn nicht. Aus Sturheit, aus Sicherheitsbedürfnis, was weiß ich."

Uwe zuckt mit den Schultern: „Als ich Kind war, hatten der Samstag und der Sonntag die immer gleiche Struktur. Tagsüber wurde geputzt, Samstagabend der mannshohe Badeofen angeheizt. Wir Kinder stiegen nacheinander in die Wanne, die Erwachsenen versammelten sich vor den einzigen zwei Fernsehprogrammen zur Samstagabendshow."

„Wim Thoelke und seine ‚reizenden Assistentinnen‘", werfe ich ein. Uwe nickt.

„Am Sonntag zog man die vornehmere Kleidung an, ging in den Gottesdienst, aß mittags Sonntagsbraten, machte ein Nickerchen und anschließend den obligatorischen Spaziergang. Meinen Eltern wäre doch nie in den Sinn gekommen, dass man schon am Donnerstag die möglichst amüsante Gestaltung eines Wochenendes zeitlich planen und organisatorisch vorbereiten müsse! Heute: Ob jemand am Samstag arbeitet oder schläft, ob er am Sonntag in die Kirche oder ins Möbelhaus geht, ist jedermann zur freien Wahl überlassen. ‚Alles kann, nichts muss‘ heißt der tolerante Spruch dazu und der ist Unsinn!"

Uwe muss Luft holen, greift nach dem Glas. Ich verstehe nicht ganz. „Was soll daran schlecht sein?", frage ich. „Weil jede Stunde Freizeit gut begründet werden muss. Ob wir diese Freunde einladen oder jene besuchen, die Fahrräder reparieren oder die Kellerräume entrümpeln, ob wir in Kinos und Konzertsäle sprinten oder zum Bücherlesen daheimbleiben –

wenn alles Deine freie Entscheidung ist, bist Du auch ganz alleine dafür verantwortlich, dass es gut und schön und lohnend wird und sich hinterher als die richtige Wahl herausstellt. Wem das zu riskant ist, bleibt zu Hause und redet sich jede blöde Haushaltspusselei schön."

Uwes Wangen und Ohren scheinen leicht gerötet. Saskia empfiehlt zum zweiten Mal ihre Erfrischungsdrinks und ergreift Partei für ihren Mann: „Uwe hatte einen Tagesrhythmus von sechs Uhr fünfzehn bis neunzehn Uhr dreißig, oft auch länger. Dann einen Wochenrhythmus inklusive Vorfreude auf Freitagabend. Das Wochenende als Oase. Dann gab es sogar einen Saisonrhythmus, das Jahr war im Grunde getaktet: Monatsabschluss, Quartalsbericht, Budgetplanung zum Halbjahr, dann Sommerurlaub, feste Messetermine im Herbst oder Routinereisen – es hatte alles seine geregelte Zeit. Aus Sachzwängen hat sich das so ergeben. Dann wurde *ich* plötzlich der einzige Sachzwang, stimmt's, Schatz?"

Uwes lächelt süßsauer. Kann aber auch vom ersten Schluck Limettensaft kommen. Saskia macht weiter: „Früher hat mir Uwe während des 15-minütigen Frühstücks tausend wichtige Dinge gesagt. Als er in Duisburg rausgeflogen war und immer ausschlafen konnte, saßen wir bis halb elf vor unseren Brötchen, und was erzählten wir uns? Nix. Oder Banalitäten. Und Notizen aus der Lokalzeitung."

Jetzt schaut sie mich herausfordernd an, als sei ihr gerade ein freundlich angriffslustiger Gedanke gekommen: „*Du* bist ja auch nicht hier, weil Du nichts Besseres zu tun hast, sondern weil sich Dein Besuch mit zwei anderen Terminen verbinden ließ. In zwei Stunden musst Du wieder los, stimmt's?" Ich nicke und bedauere es nicht.

Uwe will erklären, will abwiegeln: „Freie Zeit, also echt gemeinsame Freizeit, war für uns ein knappes Gut. Also auch ein wertvolles Gut. Plötzlich gibt's Freizeit im Überfluss, aber sie ist Dir auch entsprechend weniger wert."

Ich habe noch immer nicht den leisesten Schimmer, warum diese Rentner-Probleme zu einem Ausraster beim Arzt führen müssen. Oder liegt es an dem einen Glas Barbera, das mir jetzt spürbar von innen an die Stirne streicht? „Und dann?" Uwe und Saskia schauen sich an, als wollten sie per Blickkontakt Einigkeit darüber erzielen, was sie mir erzählen und was nicht.

„Dann haben wir uns gestritten. Haben ganze Wochenenden vor der Glotze gesessen und uns gegenseitig Aufschieberitis vorgehalten. Was wir jetzt eigentlich tun könnten, tun müssten, tun sollten." Es entsteht eine kleine Pause, bis Saskia fortfährt: „Und dann hat's noch mal ein halbes Jahr gedauert, bis ich kapierte, dass wir nicht nur mehr Zeit für Gemeinsamkeiten haben, sondern auch mehr Zeit für getrennt verfolgte Interessen haben. Die knapp bemessene Freizeit musste früher ja gemeinsam verbracht werden. Jetzt können wir, ganz ohne schlechtes Gewissen, jeder tagelang sein eigenes Ding machen."

„Und dann?" Meine Fragen werden auch durch vermehrten Saftgenuss nicht intelligenter.

„Dann hab ich gelernt, meine Woche zu planen. Ich mache am Montag alles am Haus; dienstags Post, Verwaltungskram,

Freunde kontakten; mittwochs bin ich vormittags ehrenamtlich hier in einem Jugend- und Freizeitheim aktiv und abends
im Kirchengemeinderat; donnerstags mache ich nur was für
mich, gehe schwimmen, wandern, ins Fitness-Studio, hin und
wieder zum Tennisspielen oder zum Arzt, falls nötig; freitags
ist Einkaufen angesagt und ..."

„Arzt?!", rufe ich dazwischen, wie aus einer leichten
Geistesabwesenheit erwacht.

„Ja, wieso?"

Wie dumm von mir! Soll ich jetzt antworten: „Da bist Du
doch neulich ausgerastet, wie man sich bundesweit erzählt?!"

„Och, nur so." Das ist glatt gelogen, eigentlich.

Uwe räuspert sich und macht eine abfällige Handbewe-
gung: „Gliederschmerzen manchmal. Kniegelenke, Knöchel.
Kennste doch, den Spruch: Wem mit über 60 beim Aufwachen
nichts wehtut, der ist wahrscheinlich tot." Ja, den kannte ich
schon. Genauso wie das Wort „Zipperlein". Gibt es nur im Di-
minutiv, in der Verkleinerungs- oder Verniedlichungsform.
„Das Zipper"? Nie gehört, nicht mal bei der Physiotherapeutin.

„Also ich war lediglich zu einer Routineuntersuchung beim
Arzt und wenn Du zwar angemeldet bist, aber nichts Akutes
hast, dann lassen die Dich warten, bis Du verschimmelst."

Aha, denke ich, wir nähern uns. „Und?"

„Nach einer geschlagenen Stunde Rumsitzen hab ich gesagt, auch Rentner hätten ihre Zeit nicht gestohlen. Laut habe
ich das gesagt. Fand sie nicht lustig, die Sprechstundenhilfe.
Und patzt mir doch ganz frech ins Gesicht: ‚Aber geschenkt
haben Sie Ihre Zeit!'"

„Oha."

„Allerdings. Na, da war was los, sag ich Dir."

Saskia stellt die leeren Saft- und Weingläser aufs Tablett: „Uwe ist ungeduldiger geworden, seit er pensioniert ist. Komisch, nicht?"

„Wieso ist das komisch?", wehrt er sich, „Warten lassen ist eine Frage der Hierarchie und der Macht. Ist in jeder Firma so: Bewerber und Bittsteller und Beschwerdeführer und nervige Kunden – egal, ob sie von sonstwo angeflogen kamen – haben wir immer erst mal ein Viertelstündchen im Vorzimmer köcheln lassen." Saskia und ich schütteln in gespielter Empörung den Kopf.

„Jetzt sitzt Du auf der anderen Seite des Tisches. Du lässt nicht warten, sondern man lässt Dich warten." Ich will nicht hämisch klingen, aber ist doch wahr.

Uwe redet wie beflügelt weiter: „Angeblich warten die Amerikaner, die in Großstädten wohnen, insgesamt sechs Monate ihres Lebens vor roten Ampeln. Ich will nicht wissen, wie viel Lebenszeit das in der Servicewüste Deutschland ausmacht."

„Unaufmerksames Personal behandelt alle Kunden so. Egal, wie alt sie sind", wende ich ein. Ich weiß aber jetzt, dass „ausrasten" entschieden übertrieben war, um Uwes Ärger im Wartezimmer zu beschreiben.

Und was das Wartenmüssen betrifft: „Nichts tun", echten „Müßiggang" praktizieren, also auf dem Sofa gedankenverloren der Wandfarbe beim Trocknen zuschauen – das kann zu Hause und für kurze Phasen ein echter Genuss sein. Ein gern zitiertes Klischee lautet, Männer könnten immer nur eine Sache gleichzeitig. Also z. B. warten müssen *oder* das Nichtstun genießen. Ich glaube ja, sie können doch beides. Im Wartezimmer wäre das nur eine Frage der inneren Einstellung ...

Kapitel 13
Wie Du wieder aussiehst!
Körper und Sex

Eine Glatze können auch Männer unter 60 haben. Und manche rasieren sich sogar extra eine. Ob der hochglanzpolierte Deorollerkopf nun besonders sexy oder besonders gewaltbereit wirkt – ob er also anziehend oder abschreckend sein soll –, ist von Schädel zu Schädel verschieden. Dem tatsächlich altersbedingt Kahlköpfigen ist das egal. Der „Silver Liner", der gar keine Silbersträhnen mehr hat, stülpt und klebt kein Toupet mehr über den breit gewordenen Scheitel, vergeudet kein Geld für dubiose Haarverpflanzungsoperationen oder wirkungslose Tinkturen, sondern wählt bei Netflix einen Film mit Bruce Willis aus. Oder einen mit Kevin Costner. Oder mit Sean Connery. Die trugen und zeigten mit Nonchalance und Sexappeal, was wissenschaftlich korrekt „androgenetische Alopezie" heißt. Erblich bedingter Haarausfall. Der ist bei 53 % aller männlichen Weißen unvermeidlich, habe ich mal in einer der vielen Wartezimmer-Zeitschriften gelesen.

„Alt aussehen" lassen ihn nicht die Haare, die er *verliert,* sondern die Haare, die er *dazugewinnt.* Nasenhaare z. B. oder buschig wuchernde Augenbrauen wie bei Schriftsteller Martin Walser. Ein moosartiger Ohrmuschelpelz oder der unregelmäßiger werdende Bartwuchs. Trotz sorgfältiger Rasur sprießt immer irgendwo ein weißes Stoppelchen hervor. Geradezu hinterhältig. Stirnfalten, die nicht mehr wahlweise Freude, Staunen oder Skepsis ausdrücken können, sondern sich unveränderlich eingegraben haben wie das Rift Valley in die Erde Kenias. Tränensäcke unter den wässrigen Augen, als hätte man die ganze Nacht geweint. Wangen, die nach unten streben wie die Lefzen der beiden Hunde Napoleon und Lafayette im Disneyfilm *Aristocats*.

Das irgendwie in den Hemdkragen hineingeschwollene Kinn – bei hageren Männern der sogenannte Leguanhals –, das schlohweiße Brusthaar und dann die buchstäblich hervorragendste aller Alterserscheinungen: der Bauch! Das entscheidende Belastungsindiz, das ihn als Serientäter jahrelanger Ernährungsverbrechen überführt: die Wampe. Der Ranzen. Die halbe Weltkugel. Der Stau am mittleren Ring. Das „Ich-hatte-so'n-Hunger"-Ödem.

Verlassen wir an dieser Stelle die qualvolle Selbstbetrachtung (nicht weil gleich der Penis drankäme, dazu später mehr) und schauen statt in den Spiegel mal aus dem Badezimmerfenster hinaus. In die Gesellschaft. Dort verhindert nämlich gerade ein seltsames Phänomen, dass alternde Männer das tun, was ihnen alle Ratgeberbücher raten: Sich „so anzunehmen, wie sie nun mal geworden sind".

Wir wissen, dass man bei *gleichbleibender* Ernährungs- und Lebensweise ab einem Alter von etwa 40 jedes Jahr ein Kilo *zunimmt,* was ab dem 50. Lebensjahr auch mal bis zu drei Kilo jährlich werden können. Dieses unerbittliche Programm unserer Gene beschert der Diät- und Fitnessindustrie, der Kosmetik- und Modebranche jede Woche einen Millionen-Jackpot. Denn: Alle wollen, dass man es nicht sieht. Was schon illusorisch genug wäre. Es kommt aber noch dicker, im doppelten Sinne des Wortes: Alle, die schon mal eine Diät gemacht haben – angeblich 90 % der Frauen über 40 z. B. –, wissen doch, dass ihr Alterungsprozess eine besonders perfide Gemeinheit bereithält: Das Abnehmen dauert immer länger, die anschließende Gewichtszunahme immer kürzer. Das berühmte Pfunde-Jo-Jo saust ab 50 nicht mehr gleichmäßig auf und ab, sondern monate-lang-sam runter und wochenschnell wieder rauf.

Sah Ex-Außenminister Joschka Fischer nicht recht bald wieder genauso aus wie *vor* seinem „Lauf zu sich selbst"[45]? Ärzte und Ernährungsberaterinnen erklären uns, warum das so ist. Teure Frauenmagazine und Männer-Fitness-Zeitschriften beteuern uns, dass es nicht so ist. Aber niemand kann verhindern, dass es so ist. Und nun das Erstaunliche: An unserem kollektiven Schönheitsideal hat diese Erfahrung nichts geändert!

Unsere Neigung, schlanke Menschen für interessanter, begabter, erfolgreicher, ja sogar für gesellschaftlich wertvoller zu halten, lassen wir uns von keiner Statistik über erfolglose Diäten ausreden. Der große Mann mit straffer Haut, breiten Schultern, Waschbrettbauch, schmalen Hüften und dem viel zitierten „knackigen" Po bekommt bei Vertragsverhandlungen oder Bewerbungsgesprächen mehr Geld angeboten als der kleine Dicke mit der Kugel. Und das nicht etwa nur von Personalchefinnen, nein, gerade ältere Männer in den Chefetagen entscheiden so!

Unsere archaisch-intuitiven Sexualreflexe funktionieren halt immer noch nach den Auswahlkriterien des Überlebens und der Fortpflanzung. Was zu Neandertalers Zeiten sinnvoll war: Ein groß gewachsener, herkulischer Kerl mit starken Brust- und Oberarmmuskeln versprach mehr Kampfkraft (also Wildbret und Schutz) als ein gedrungenes Männlein mit Plauze. Seine Po- und Rückenmuskulatur sollte für ausdauernde Beckenstöße beim Paarungsakt sorgen und damit für genügend Nachkommen in der Höhle. Umgekehrt weiblich: Breite Hüften und ein runder Po versprachen einfachere Geburten. Große Brüste versprachen gesündere Babys, als man das von einer „Bohnenstange" erwarten durfte.

Schön und gut. Aber, sehr geehrter Herr Darwin, hat die Evolution denn noch nicht gemerkt, dass sich die Anforderungsprofile inzwischen geändert haben?! Dass flachbrüstige Damen die besseren Juristinnen und fassbäuchige Herren die besseren Bauingenieure sein können?

Mit Aufmerksamkeit, Anerkennung und barem Geld belohnt werden schlanke Männer möglicherweise also nicht nur wegen ihrer „Schönheit" an sich, sondern wegen ihres zähen Kampfes gegen Pfunde und Jahre. Wegen des weithin und auf den ersten Blick sichtbaren Beweises, dass sie „niemals aufgeben", dass sie „eine Kämpfernatur" sind und „an sich arbeiten", kurz: dass Sisyphos den Felsblock noch viele Male den

Berg hinaufrollen will. Man muss die humorlose Strenge, die hochkonzentrierte Ernsthaftigkeit mal live erlebt haben, mit der Männer ihren Body zum „Projekt" erklären. An den Fruchtsaft-Bars gehobener Muckibuden geht's manchmal moralischer zu als in einer Papstansprache. Dass man Männer für ihren Kampf um Zeit- und Lebensqualität in der Familie, um Wertevermittlung und soziale Kompetenz mehr achten und belobigen müsste als für den vergeblichen Hase-und-Igel-Wettlauf gegen die altersbedingte Korpulenz, das wissen nicht alle. Und wenn, dann nur im Kopf. Nicht im Bauch ...

Menschen ab 60 erinnern sich an mindestens drei männliche Film- und Fernsehstars, die trotz ihrer Leibesfülle oder ihres fortgeschrittenen Alters berühmte und beliebte Originale waren: Günter Strack seligen Angedenkens. Dieter Pfaff als Rechtsanwalt Ehrenberg in „Der Dicke". Ein immerhin über 70-jähriger Horst Krause vom „Polizeiruf 110". Ottfried Fischer als „Bulle von Tölz". Oder „Dr. Sommerfeld" Rainer Hunold von der TV-Praxis Bülowbogen. Diese Herrschaften waren weder jung noch schlank. Aber möglicherweise prominent und populär, gerade *weil* sie signalisierten: Seht her, auch dicke Männer können schlau, charmant, lustig und erfolgreich sein. Das Eigenartige aber ist: Was auf dem TV-Flachbildschirm und der Kino-Großbildleinwand als „Identifizierbarkeit", als „Nähe zum Zuschauer" positiv gewertet und der Kunstfigur gerne zugestanden wurde, ist beim „wahren" Mann im „richtigen Leben" peinlich unerwünscht.

Nun sind wir – Herren *und* Damen – Filmkonsumenten und Zeitschriftenkäufer ja nicht doof und wissen genau, dass die

halb nackten Modelmänner und die ganz nackten Model-
frauen der Boulevardmagazine in der real existierenden Gesellschaft ungefähr so oft vorkommen wie sechs Richtige
im Lotto. Der Witz dazu geht so: „Wenn Sie schon mal an der
Nordsee auf einem FKK-Campingplatz waren, dann wissen
Sie, warum sich das Meer alle sechs Stunden zurückzieht."
Diese beruhigend realistische Fähigkeit, zwischen retu-
schierten Profi-Fotos und privaten Urlaubs-Schnappschüs-
sen zu unterscheiden, hat aber in 75 Jahren deutscher Werbe-
geschichte keineswegs verhindert, dass uns meist nur junge
und jung gebliebene Gesichter von den Plakatflächen anlä-
cheln. Mit straffer Haut unterm vollen Haar, nur schneeweiß
strahlende Zahnreihen hinter vollen Lippen. Schlanke, schöne,
sexy wirkende Körper, die sich verführerisch über Autoreifen,
Mineralwasser, Seife, Tütensuppen oder Versicherungs-Büro-
tische beugen und in Werbespots dabei sehnsuchtsvoll seuf-
zen und ekstatisch beglückt kichern.

Nun sind auch die Werbedesigner nicht doof und wissen
genau, dass Männer und Frauen über 50 oder 60 mehr Kohle
besitzen als das junge Gemüse. Bei den „Generationen Y, X
und Z", bei Schülern, Studierenden und Praktikanten zwischen 16 und 30 ist weniger zu holen als bei den „Best Agers".
Aber: Die faltigen Alten werden die grausame Lücke zwischen
dem schönen Schein und dem unschönen Sein braver und ge-
horsamer mit dem Kauf von Konsumartikeln schließen als die
Jungen. Ihr zweiter Name ist Sisyphos, wetten?

Sich so annehmen, wie man nun mal geworden ist? Gut
und schön. Lieber sich entfalten, statt sich liften lassen? Haha,

richtig, ja. Dem Unvermeidlichen das Positive abgewinnen? O.k., versuchen wir's.

Schließen wir also das Badezimmerfenster wieder und kehren vom schweifenden Blick über die Konsumgesellschaft zurück zum fokussierenden Blick in den eigenen Spiegel: Es gibt ein Körperorgan, das sich bei Erregung und im Dämmerlicht um das Zigfache vergrößern kann! Nein, nicht das, an das Sie jetzt denken. Ich meine die Pupille. Denn „große Augen kriegen" Frauen ja nicht wegen diesem Ding unterm Bauch, sondern sie finden Männer wegen vieler anderer Dinge attraktiv. Sagen sie jedenfalls oft.

Erkundigt man(n) sich – in den Suchanzeigen der Tages- und Wochenzeitungen, bei *Elite Partner.de* oder *Parship.de* –, *was* denn nun Frauen an einem „reifen" Mann sexuell reizvoll finden, dann könnte das Hoffnungen machen: Lebenserfahren soll er sein, verständnisvoll, einfühlsam, zuverlässig, nicht unvermögend natürlich. Und wenn er Schutz und Geborgenheit verströmt, Sinn und Geschmack für Kunst, Musik, Literatur, gesunde Hobbys und überhaupt alles Schöne, Gute und Wahre auf der Welt besitzt – dann (und jetzt kommt's) „ist das Äußere nicht so wichtig".

Es gibt also offenbar Frauen, die – im bestmöglichen Fall – einen bzw. ihren Mann ehrlich und aufrichtig bis auf den Grund ihrer Seele für all die wunderbaren inneren Werte und charakterlichen Qualitäten lieben, für all die zärtliche Zuneigung und achtsame Aufmerksamkeit, Fürsorge und Hilfsbereitschaft, die er „ja schließlich auch noch hat" (außer

Zipperlein und Blasenschwäche). Das ist, ganz im Ernst, sehr beruhigend und verdient nicht weniger als den Begriff „eine große Gnade"!

Blöd nur: Wenn ein eher unansehnlicher Mann mit einer strahlenden Schönheit im Arm vorbeiflaniert, fragt sich die Zuschauergemeinde im Straßencafé: Was findet diese tolle Frau an diesem alten Sack? Die stereotype Vermutung lautet: Geld. Oder: soziale Aufwertung. So angesehen und mächtig wie der wahrscheinlich ist. Pablo Picasso heiratete mit 80 die 34-jährige Jaqueline Rocque. Und Udo Jürgens, Helmut Kohl, Jopi Heesters, Franz Müntefering, Oskar Lafontaine? Von steinalten Hollywood- und Popmusik-Granden mit blutjungen Gefährtinnen ganz zu schweigen.

Ist der heiratslustige Greis weder begabt noch berühmt noch mächtig, kommt Erklärungsmuster Nummer drei zur Anwendung: Die suchte einen Ersatzvater. Vielleicht hatte sie keinen. Dieses küchenpsychologische Sugardaddy-Urteil kommt selbst dann, wenn der Altersunterschied weniger als 20 Jahre beträgt und „sie" die 35 lange überschritten hat.

Bei aller Kritik an solchem Tratsch: Es gibt nun mal Frauen, die einen Mann seines Geldes, seiner Macht und seiner Statussymbole wegen lieben. Oder zu lieben vorgeben. Ein Geschäft auf Gegenseitigkeit: Er darf sich attraktiv und verführerisch fühlen und kann den heimlichen Neid gleichaltriger Habenichtse genießen. Sie darf sich der routinierten Lebensführung eines erfahrenen Mannes anvertrauen und muss nicht allzu viel Verantwortung selbst tragen. „Down Dating" nennen das amerikanische Paartherapeuten, denn: „Nach all den Enttäuschungen und Beziehungserlebnissen der letzten zehn, fünfzehn Jahre soll der Mann nun lieber treu ergeben als schön sein und die Qualitäten eines zuverlässigen Familienvaters mitbringen. (...) Nach all den Pleiten mit gut aussehenden Karrieremännern sucht die gestresste Dame von Welt nun jemanden, der Bestätigung und Geborgenheit bieten kann."[46] Na schön. Warum auch nicht. Wenn's hält, bitte sehr.

Der Haken an der Sache: So um die 70 ist meist Schluss mit Erfolg und Macht und Ansehen. Der Anspruch, begehrt und beachtet zu werden, bleibt aber unverändert weiter bestehen! Ob sich ein Mann als treuer Kunde im Fitness-Studio körperlich knechtet oder sich als seltener Badezimmergast körperlich vernachlässigt – „Ansehen" ernten will er so oder so. Alles darf ihm passieren, nur eins nicht: ignoriert zu werden.

Bei einem buchstäblich naheliegenden Thema wird er tatsächlich nicht (mehr) ignoriert: Wenn es um Sex im Alter geht. Schon 1981 staunten die New Yorker Gerontologen Bernard Starr und Marcella Weiner in ihrem Werk „Liebe im Alter", wie freimütig Amerikaner ab 60 sich zur Selbstbefriedigung bekennen (84,9 % der Frauen, 76,3 % der Männer), von Pornos stimuliert werden (55 % der Frauen, 75 % der Männer), „dreimal und häufiger pro Woche Geschlechtsverkehr haben" (14,9 % der Männer, 10,4 % der Frauen) und dieser Geschlechtsakt dabei „bis zu 30 Minuten" dauert (29 % bei Frauen, 25,8 % bei Männern)!

Am meisten aber staunten die Leserinnen: 60,1 % *derselben* befragten Männer gaben zu, „häufig Erektionsschwierigkeiten" zu haben! Mit welchen Männern erlebten dann die Damen ihre wunderbaren dreißig Minuten? Aber, nun ja, es kamen ja auch nur „14 % der (verschickten) Fragebögen beantwortet zurück"[47]. Was in den Betten der 86 % Auskunftsverweigerer läuft, musste schon damals geraten werden.

Zufall oder nicht: Zur selben Zeit begann die Soziologin Ruth Westheimer, in Radio- und Fernsehsendungen beiderseits des Atlantiks wortgewandt und witzig Ratschläge für „good sex" zu geben. Weil ihre deutschjüdischen Eltern in Auschwitz ermordet worden waren und sie mit 20 als israelische Soldatin im Palästinakrieg eine Bombe abbekommen hatte, war ihr ein gewisses Maß an Vorschuss-Respekt bei den Zuhörenden immer sicher.

Weil sie ein so herrlich gebrochenes Denglisch mit hessischem Akzent sprach, musste „Dr. Ruth" nie das Etikett einer „unwürdigen Greisin" fürchten, sondern durfte meist als „sexiest Grandma on Earth" das schmunzelnde Wohlwollen gerade der deutschen Fernsehzuschauer genießen. Der quicklebendige Beweis für „Silver Sex after 50", „Mythen der Liebe" und die Aufforderung „Lebe mit Lust und Liebe", so ihre bislang letzten Ratgeberbücher.[48]

Das Hamburger „Institut für Männergesundheit" befragte immerhin rund 10 000 Männer nach ihrem Liebesleben und bekam von den Über-40-Jährigen zu hören: Höchstens drei- bis viermal im Monat. Im Monat, wohlgemerkt. Sexkiller seien das Smartphone, das Fernsehen, die Schichtarbeit, die allgemeine Erschöpfung, die unerfüllbaren Ansprüche der Partnerin oder – selten offen zugegeben – die eigenen Bilder im Kopf. Der bereits erwähnte Männerforscher und -kämpfer Walter Hollstein schloss daraus, „die Zahl asexueller Männer steigt beständig an", möglicherweise auf bis zu 6 Millionen.[49]

Ob die Zahlen wirklich so ernüchternd oder alarmierend sind, wie sie meist vorher angekündigt oder hinterher interpretiert werden? Dabei wäre Skepsis angebracht. Allein schon, wenn sowohl die durchschnittliche Lebenserwartung als auch die Zahl der Alterskrankheiten steigen. *Beide* Kurven steigen! Steht Menschen ab 60 also ein Vierteljahrhundert asexuellen Siechtums bevor?

Das Gegenteil ist wahr und kommt so: Je besser die medizinische Früherkennung und Diagnostik funktioniert, umso mehr Krankheitsfälle werden registriert. Ist ein auf Verdacht untersuchter Patient nach drei Wochen wieder fit, wird er aber nicht notwendigerweise von allen Listen gestrichen. „Gesund" ist statistisch eigentlich nur, wer noch nicht vollständig untersucht wurde. Nun wird aber nicht nur die Diagnostik besser, sondern – Gott sei Dank – auch die Therapie. Vom Bypass und Herzschrittmacher bis zum künstlichen Hüftgelenk tragen viele segensreiche Errungenschaften dazu bei, dass Männer heute meist 78,9 und Frauen 83,6 Jahre alt werden oder werden können. Vorausgesetzt, die medizinische Forschung bleibt auf dem Stand von heute. Was sie wahrscheinlich nicht tun wird. Ergebnis: Die Krankheitskurve steigt und die Sterbekurve setzt später ein. Dazwischen – fühlen sich rund 22 Millionen alte Leute im Großen und Ganzen recht gesund, obwohl sie statistisch krank sind ...!

„Grob gesprochen ist damit ein heute 50-Jähriger so fit wie 1970 ein 40-Jähriger und ein heute 65-Jähriger so gesund wie ein damals 55-Jähriger."[50] Das müsste sich doch auch in vielen emsigen Sex-Dokumentation niedergeschlagen haben, oder? Hat es auch. Banale Erkenntnis: Alte Leute wollen/brauchen/haben ein „ganz normales" Sexualleben.

Aber *was* „ganz normal" ist – von zweimal pro Woche über dreimal im Monat bis zu „eigentlich nie" – und *was* man und frau de facto zu einem „Sexualleben" *dazuzählen*, das darf und sollte getrost ihr Geheimnis bleiben.

Der Effekt der Sex-Statistiken und TV-Reportagen, Hörfunk-Features und Ratgeber-Essays ist immer derselbe: Es geht um sexuelle Selbstvergewisserung. Wo stehen, Verzeihung, wo liegen wir im Vergleich, im mathematischen Durchschnitt, im jährlichen Mittel, im Gesamten so? Was aber können Sie sich dafür kaufen, wenn Sie es wissen?

Möglicherweise funktionieren Statistiken zum Sexualverhalten im Hirn der Leser wie eine differenzierte Version des Schreibspiels *Schiffe versenken*: „C 5? Nee." „B 3? Leider, ja!" Die Sex-Forschungstreibenden möchten möglichst viele treffen, die Leser möchten sich aber nur von den schmeichelhaften Ergebnissen getroffen fühlen. Verspüren Sie noch sexuelles Verlangen füreinander? Ja, und wie! Masturbieren Sie mehrmals wöchentlich im Badezimmer? Natürlich nicht! Wann hatten Sie den letzten Orgasmus? Heute Nacht! Würden Sie in den Puff gehen, wenn Ihre Frau krank wäre? Niemals! Oder hat womöglich derjenige das Spiel *Schiffe versenken* gewonnen, der *immer* den Kopf schütteln konnte?

Kapitel 14
Religiöser im Ruhestand?

2019 traten mehr Menschen aus den evangelischen Landeskirchen aus als je zuvor innerhalb eines Jahres: 427390, fast
eine halbe Million. Bei den katholischen Bistümern waren es
„nur" 401760. Nun gut, 22,5 Mio. dringebliebene Katholiken
und 20,7 Mio. „treue" Protestanten sind immer noch ca. 53%
der deutschen Gesamtbevölkerung, aber ein Blick in die Got-
teshäuser an einem x-beliebigen Sonntagmorgen nährt doch
die Befürchtung, irgendeiner aus der vierten oder fünften En-
kel-Generation der heute Anwesenden könne als Letzter das
Licht ausmachen.

Haben die Ergrauten unter den Ergriffenen weder „gläubige" Kinder noch getaufte Enkel, schwindet viel: die Verankerung ethischer Werte im christlichen Glauben, die Bindung
an eine moralisch maßgebende Gemeinschaft und die Prä-
gekraft kirchlicher Traditionen auf die Kultur der Gesellschaft.

Ob man diesen galoppierenden Säkularisierungsprozess
begrüßt oder bedauert – meist wird in den soziologischen Studien, journalistischen Reportagen oder theologischen Kommentaren stillschweigend vorausgesetzt, die Alten bewahr-
ten ihre Frömmigkeit und tradierten ihre religiösen Rituale

unverändert, seit sie konfirmiert wurden oder mit den St.-Georgs-Pfadfindern am Lagerfeuer *Laudato Si* klampften. Ist das so?

Beginnen wir das nähere Hinsehen auf die Altersreligiosität mal mit jenen sehr Alten, die schon vor 60 Jahren mit der Kirche und dem Glauben ihrer Eltern brachen: Den „echten" Alt-68ern.

Ob der Wiener Arzt, Psychologe und Religionskritiker Sigmund Freud (1856–1939) in jenen Himmel gekommen ist, an den er nie glaubte, oder in jene Hölle, in der ihn viele Christen vermuten: Von dort oben oder von dort unten aus dürfte er sich seit etwa 10 Jahren wahrhaft „ungläubig" die Augen reiben.

„Es ist schon sehr kränkend, jetzt auf meine alten Tage, anzufangen mit Beten. Und den Kinderglauben auszugraben, über den ich mich früher oft lustig gemacht habe", zitierte Psychoanalytiker (!) Tilman Moser einen Patienten.[51] Tilman Moser?! Der galt in der Branche fast als Freuds Stellvertreter auf Erden. Hat man sein Buch „Gott auf der Couch" zu Ende gelesen, darf man sogar spekulieren, er sage das mit dem Kinderglauben auch von sich selbst.

Berühmt geworden war der Freiburger Wissenschaftler 1976 durch sein Buch „Gottesvergiftung", das fast vier Jahrzehnte lang zur Standardmunition jedes kämpferischen Atheisten gehörte. Wie ein Kauz sein Gewölle hatte Moser alles hervorgewürgt, was an unverdaulicher Bigotterie, moralischer Heuchelei, schwarzer Pädagogik, Höllenangstmache und frommer Ichverneinung in seiner Seele gelagert war. Ganz im

Sinne Sigmund Freuds: Religiosität, das ist Zwangsneurose und Vaterprojektion. Mindestens hinderlich, meistens gefährlich für die Persönlichkeitsreifung.

Und dann, Moser war Mitte 70, las man Sätze wie diese: „Was mir seit der ‚Gottesvergiftung' verschlossen war, ist der eigene Zugang zu einem persönlichen Gott. Aber der Groll ist längst verschwunden. (...) Ich glaube den Weg (...) zu einem erträglichen, wenn auch nicht meinem, Gott gefunden zu haben ...“[52]

Mosers atheistischen Sympathisanten mochten sich kaum vorstellen, was der früher so gallige Psychoanalytiker da aus seiner Therapeutenpraxis erzählte: „Mir fallen Choral- und Psalmtexte ein, etwa: ‚Ich schlage meine Augen auf zu Dir' oder ‚Weiß ich den Weg auch nicht, Du weißt ihn wohl' und andere Fetzen einer innigen Gottesbeziehung. (...) Dazu mag sogar eine Wiederholung der Situationen von kindlichem Gebet oder kindlichem Gesang hilfreich sein, mit Unterstützung durch Atmung, Bilder oder Musik.“[53]

Stimmt heute, im 21. Jahrhundert, das Klischee noch, in der Kirche säßen mehrheitlich alte Betschwestern und Männer fänden ihre segensreiche Stelle in der Kneipe statt in der Kapelle? Positiv rumgedreht: Werden Männer frömmer, wenn sie älter werden?

Matthias Drobinski, Redakteur der *Süddeutschen Zeitung* und Claudia Keller, Redakteurin beim Berliner *Tagesspiegel* meinten Ja: „Wie es scheint, entdecken Männer ihre religiöse Ader neu. Viele Frauen wenden sich auf der Suche nach neuen

Rollenmustern von der Religion ab. Sie fürchten, dass Religion sie unfrei mache, sie in alte Rollen zwänge. Männer dagegen finden in der Religion Rituale und eine Zugehörigkeit zu einer Gemeinschaft, die ihnen Trost, Halt und einen Sinn im Leben gibt. Jesus Christus wird ihnen zum Vorbild. Die Frauen haben in den vergangenen Jahren eine Form der Säkularisierung nachgeholt. Bei den Männern setzt offenbar schon der Gegentrend ein."[54]

Nun gut, „Prognosen sind heikel, besonders, was die Zukunft angeht", spottete schon Schriftsteller Mark Twain im 19. Jahrhundert, aber belastbar widerlegt worden sind Drobinski und Keller auch zehn Jahre später noch nicht. Denn: Manche der lebenslang Unfrommen entwickeln gerade in der Umbruchzeit ihrer Pensionierung eine vorsichtige Nähe zu Religiosität und kirchlichen Angeboten. (Auch wenn man ihre Bereitschaft, über den „Sinn des Lebens", über „Werte" und „den eigenen Tod" nachzudenken, nicht schon als Religionsinteresse vereinnahmen sollte.) Die lebenslang Frommen dagegen entwickeln eine – wenn auch meist uneingestandene – innere Distanz zur eigenen Kirchenbindung.

Als am 11. Mai 2000 – Papst Johannes Paul II. hatte die Weltgemeinschaft gerade in einem großen „Mea culpa" um Vergebung gebeten für die Fehler und Verbrechen der Kirchengeschichte – in der Wochenzeitung *DIE ZEIT* ein langer Artikel erschien unter der Überschrift „Der Fluch des Christentums. Die sieben Geburtsfehler einer alt gewordenen Religion", da machte er seinen Autor schlagartig und bis heute nachhaltig als einen der führenden Atheisten berühmt: Professor Herbert Schnädelbach, Philosoph und Soziologe an der Humboldt-Universität Berlin.

Zehn Jahre später, inzwischen 74 Jahre alt, grenzte er sich von aggressiv-kämpferischen Atheisten à la Richard Dawkins ab („Der Gotteswahn" 2007), bezeichnete sich als „frommen Atheisten, der seinen Unglauben bekennt, nichts weiter", und erklärte das so: „Atheismus war mal das Denkmal einer Befreiung gewesen. Eine aufatmende Gottlosigkeit im Sinne des ‚Endlich sind wir den Alten los!' So viel Frohsinn ist dem frommen Atheisten verdächtig, denn er bedenkt die Kosten: Sein Unglaube ist das Denkmal eines Verlustes. Im Kinderlied hieß es von Gott, der die Sternlein gezählet habe: ‚Kennt auch Dich und hat Dich lieb'. Das kann der Erwachsene nicht vergessen und den Schluss-Choral aus Bachs Johannespassion ‚Ach Herr, lass Dein lieb Engelein ...' vermag er nicht anzuhören, ohne mit den Tränen zu kämpfen. Was sich da einstellt, ist eine Mischung aus Trauer und Wut, dass das alles nicht wahr ist. Die Frömmigkeit des frommen Atheisten besteht darin, das Verlorene religiös ernst zu nehmen. Das kindliche Bedürfnis nach Geborgenheit bei einem ‚Vater im Himmel' kann er nicht zum Schweigen bringen und das illusionslose Erwachsensein-Müssen kann er nicht verleugnen."[55]

Verlust, Trauer, Wut – meines Erachtens hat niemand klüger und ehrlicher die Bestandteile jener melancholisch-nostalgischen Grundstimmung seziert, die aufkommt, wenn ein älterer Mensch beim Hundeausführen am Sonntagmorgen in der Ferne Kirchenglocken läuten hört.

Dass beide – der religionskritische Psychoanalytiker und der atheistische Philosoph – auf den „Kinderglauben" zu sprechen kamen, als sie vom Altern redeten, war kein Zufall: Es kann sich jetzt mehr erinnert und es muss jetzt öfter gehofft und gebangt werden. Erinnern und Hoffen fällt für den Philosophen Ernst Bloch aber in einer jenseitigen, geistigen oder spirituellen Wirklichkeit zusammen, „die allen in die Kindheit scheint und in der noch niemand war: Heimat."[56]

Die kindliche Vorstellung eines Gartens, in dem Mensch und Tier paradiesisch friedlich miteinander leben; der Traum, in einer schwimmenden Arche alle Tiere zu retten, bis der Regenbogen und die Taube mit dem Ölzweig erscheinen; das befreite Aufatmen, als der tapfere kleine David den bösen Riesen Goliath mit einer Steinschleuder niederstreckt – diese und ähnliche „wohlige" Vergewisserungen einer „guten" Weltordnung mögen auch Nils Holgersson auf dem Rücken der Wildgänse vermittelt haben, Schneewittchens prunkvolle Hochzeit und der Tod der bösen Hexe im Ofen ihres eigenen Knusperhäuschens. In Verbindung mit romantischen Melodien und einfachen Gebeten aber; in der Erfahrung, dass Mama oder Papa selten so „sanft" gestimmt waren wie in diesen Momenten, sind sie „heilige" Erinnerungen geworden.

Stellte man(n) an Weihnachten und Ostern im Kindergarten, im Sommer auf dem Pfadfinderlager, als Sternsingerkind oder Ministrant, in der Vorbereitung zur Erstkommunion, im Kindergottesdienst oder beim Jungschar-Lagerfeuer dann fest, dass diese Geschichten und Gefühle nicht an Großmutters Vorlesestimme gebunden sind, sondern einen auch mit anderen Erwachsenen verbinden, bestenfalls sogar mit den wenig älteren bewunderten Jugendlichen – dann lieferte diese gelebte Religiosität ein wohltuendes Gefühl des Ernstgenommenwerdens. Menschenfreundlich, zugewandt, respektvoll. Eine Menschenwürde, die mancher alternde Mann 60 Jahre später immer häufiger vermisst.

„Es gibt Berührungen, körperliche und seelische, die ein Kind als ‚heilig' erlebt. Wenn man es zu formulieren versucht, hat man, so scheint es, das Geheimnis schon entweiht. Für mich bleibt eine enge Verbindung zwischen wichtigen Entwicklungsschritten des Kleinkindes, seiner mitgebrachten Fähigkeit zur Andacht und dem Eindringen religiöser oder kultureller Inhalte bestehen. (...) Die Zurückweisung oder der Missbrauch von ‚heiligen' Gefühlen hinterlassen einen Schmerz und eine Scham, die es heutzutage viel schwieriger macht, über solche Probleme zu sprechen als über Sexualität oder Beziehungsstörungen"[57], schreibt Tilman Moser.

Den Proteststurm der Aufklärer – dass weder Mensch noch Tier so entstanden sein können, wie es der biblische Schöpfungsmythos erzählt, dass die erbaulich gelesenen Glaubenskämpfe in Wirklichkeit blutige Stammesfehden waren und die hochverehrten Propheten und Könige aus heutiger Sicht als religiös-fanatische Warlords durchgehen würden, dass Gott ein unberechenbar schillernder Charakter zu sein scheint und die Wunder Jesu vielleicht gar keine waren – haben die meisten getauften Christen in Deutschland nicht einfach nur zur Kenntnis genommen. Den haben sie sich im Laufe ihres Erwachsenenwerdens zu eigen gemacht.

Hinter die Entdeckungen und Errungenschaften der forschenden Vernunft, hinter die „Entzauberung" der Welt durch die Naturwissenschaften kann ehrlicherweise keiner zurück. Und wer es trotzdem will, muss die Anstrengung täglicher Realitätsverleugnung auf sich nehmen, muss Fragen und Zweifel immer neu mundtot machen oder eine intellektuell windgeschützte Stelle bei Fundamentalisten suchen. Und wer sich als Azubi, als Abiturientin, als Studierender oder schlicht als zeitungslesender Mensch des 21. Jahrhunderts vom Orkan der historischen und psychologischen Erkenntnisse nicht in die Religionsferne pusten ließ, der wurde von akademisch gebildeten Pfarrern sanft dorthin geschoben.

An jedem 24. Dezember aber kann man in fast allen Kirchen der westlichen Welt eine Paradoxie beobachten. Nehmen wir als Beispiel die – nach der Dresdener Frauenkirche – zweitwichtigste evangelische Kathedrale Deutschlands, den Berliner Dom. Dort gibt es 1680 Sitzplätze. Heiligabend wollen aber rund 12 000 Leute hinein. Alles Touristen? Wohl kaum. Alles hingebungsvolle Gläubige? In Berlin bestimmt nicht.

Dompredigerin Petra Zimmermann erklärte das zeitlos zutreffend so: „Heiligabend hocken alle beieinander, um die großen Verheißungen zu hören. Dass wir die Zusage haben, geliebte Menschen zu sein. Dass wir die Verantwortung haben, als freie Menschen zu leben. Dass wir aus der Wüste gerettet werden. Und dass wir Regeln haben, von denen aber nicht unser Heil abhängt."[58] Diese Vergewisserung wollen auch die ansonsten „Ungläubigen" wenigstens einmal im Jahr hören. Im Alter eher häufiger. Bewegende Christvespern

und Christmetten, erhabene und erhebende Weihnachtsora-
torien, belächelte und doch berührende Krippenspiele – wenn
man sowas für „spirituelle Windpocken" des aufgeklärten
Menschen hält, dann ist „die Krankheit Religion der liebens-
werteste aller menschlichen Makel".[59]

Bei nur wenigen Männern, die heute 60 plus sind, wurde die
„feste Burg ist unser Gott" revolutionär gesprengt. Bei vielen ist sie evolutionär verwittert und zerfallen: „Irgendwann
als Halbwüchsiger ist er mir verloren gegangen. Der Glaube
war einfach weg, wie ein Paar billiger Handschuhe, die man
in der Straßenbahn liegen lässt. Ich hab ihn seither nie vermisst, nie wieder über ihn nachgedacht und sehr selten über
ihn geredet. Leichtgläubige, denen auf der letzten Lebensstre-
cke bange wird, könnten versucht sein, ihre Glaubensreste zu
reaktivieren, um der Furcht Herr zu werden. Das wird nicht
einfach. Die gutgläubige Naivität der Kindheit, die vieles frag-
los aufgenommen und in sich geborgen hatte, ist dem Erwachsenen für immer verloren. Wir wollen getröstet sein,
wissen jedoch nicht, von wem."[60]

Der bekennende Alt-68er und ehemalige ARD-Journalist
Sven Kuntze sprach mutig an, wovor sich andere seines Alters
genieren: Dass ein neues Herantasten an die ungewohnte Religiosität u. a. auch von der Angst vor dem Sterben angetrieben
wird. „Wer den Tod ernst nimmt und nicht nur als Tor zwischen
zwei Welten begreift, für den ist er der endgültige Abschluss
des Lebens. Dem Atheisten sind damit zwar alle Fragen beantwortet, aber Furcht und Grauen keineswegs stillgelegt."[61]

Sind „Furcht und Grauen vor dem Ende" denn bei den Gläubigen, bei den lebenslang Frommen, „stillgelegt"? Bei jenen Christenmenschen ab 60 also, die entweder ihren Kinderglauben irgendwie ins Erwachsenenleben hinüberretten oder so modifizieren konnten, dass ein jahrzehntelang engagiertes Christsein und eine vitale Kirchenbindung dabei herauskamen?

Vermutlich nicht. Im Gegenteil: Auch sie, wie alle in ihrem Alter, müssen immer häufiger von tragischen, plötzlichen, „viel zu frühen" Todesfällen im Bekannten- oder Verwandtenkreis hören. Herzinfarkt, rasend schneller Krebs, Embolie, Gehirnschlag, zu spät erkannte Entzündungen lebenswichtiger Organe. („Die Einschläge kommen näher", nannte das die Generation ihrer elterlichen Kriegsteilnehmer.) Auch sie, die Kirchgänger, holen jetzt ein-, zweimal mehr als in vorigen Jahren den schwarzen Schlips aus dem Schrank und gehen auf eine Beerdigung. „Vier Hochzeiten und ein Todesfall" war ein Kinoklassiker. Im Kalender der Über-60-Jährigen ist das Umgekehrte üblich.

Die ewig nagende Menschheitsfrage, wie sich die Botschaft eines liebenden, gerechten, allmächtigen Gottes mit der Erfahrung himmelschreienden Unrechts und grausamen Elends vereinbaren lässt, wird ja weder von flammend fluchendem Gotteshass noch von ängstlich frommen Denkverboten zum Schweigen gebracht. Sie bleibt unbeantwortet – sowohl gedanklich wie emotional.

Die herzensfromme Verankerung und Geborgenheit bei einem „persönlichen" Gott, wie ihn z.B. evangelikale Protestanten und evangelische Freikirchler predigen, ist selbst unter den treuen Alten einer Gemeinde offenbar weniger verbreitet als bisher angenommen. Könnte man ihnen ins Herz schauen, sind sie längst nicht so glaubensfest, wie sie es im Apostolischen Glaubensbekenntnis gemeinsam bekennen bzw. vorgeben.

Kirchenleitende Gremien, Pfarrerinnen und Pfarrer und ehrenamtliche Mitarbeitende steuern auch schon mehr oder weniger erfolgreich gegen diese Erosion: Die Lehre, die Einführung und Vermittlung des christlichen Glaubens darf nicht nur auf Kinder und Konfirmanden beschränkt bleiben, sondern sollte sich z.B. in „Glaubenskursen" und Seminarangeboten auch an Ältere wenden. Veranstaltungen für Leute ab 60 sollten weniger vom Fürsorge- und Betreuungsgedanken her konzipiert sein („Kirschkuchen am Seniorennachmittag, unser Fahrdienst holt Sie ab!"), sondern dem Bedürfnis nach Aktivität, Sport, Unterhaltung und Bildung entgegenkommen z.B. beim Radwandern, auf Pilgerwegen, in Filmnächten oder zu Städtetouren.

Und was ist mit der „Spiritualität ohne Kirche"? Mit all jenen, die sich in den Umfragen der letzten zehn Jahre als „gläubig, aber kirchenfern" bezeichneten? Verlassen wir mal das evangelische oder katholische Mehrzweck-Gemeindehaus, gehen stattdessen in die kommunalen Räume der Sozialen Dienste, Fortbildungseinrichtungen, Volkshochschulen, Fitness- und Gesundheitszentren und suchen dort nach Indizien für eine „postkonfessionelle Spiritualität im Alter". Ein Unterschied zwischen Männern und Frauen fällt auf, der hier viel stärker ist als in den christlichen Kirchen: Tai-Chi und Qi-Gong, Feng-Shui und Ayurveda, Orgon- oder Chakren-Therapie, Yoga oder Shiatsu, Feldenkrais oder Bioenergetik, Rolfing oder Rebirthing scheinen immer schon und immer noch mehrheitlich Frauen zu faszinieren.[62]

K(aum) ein Mann, nirgends. Sollte je einer vermutet haben, der sonntägliche Kirchgang sei für ehemalige Würdenträger aus der Industrie, für pensionierte Wichtigmänner, irgendwie schamhaft besetzt – *hier*, im Lotussitz auf fair gehandelter Isomatte, in der ganz achtsam atmenden Meditationsrunde ist für Männer zunächst und zuerst mal *alles* schamhaft besetzt.

Ausnahmen bestätigen, wie überall, die Regel. Aber: Ein gewisser skeptischer Vorbehalt, eine innere Distanz, ein Nicht-ganz-glauben-Können fällt bei den Naturgläubigen und Esoterikern ja viel schneller auf als in der Kirche! Wer männlich-rational irritiert ist, warum eine Heilmethode sich schon dadurch qualifiziert und empfiehlt, dass sie von der Schulmedizin unbeachtet oder wissenschaftlich unüberprüfbar ist – der macht sich nicht unbedingt beliebt. Ob die hier vorgetragenen Weisheiten wirklich in Asien schon seit Jahrtausenden gelehrt werden oder erst vor ein paar Jahren auf dem Ratgeberbuchmarkt der USA auftauchten – wer will das so genau wissen ...

Die Sorge, als ein zweifelnder Thomas enttarnt zu werden, der das „Energy-Chanelling" und das „Tibetan Pulsing" möglicherweise behindert durch seine Ungläubigkeit – diese Sorge ist völlig begründet.

Es mag viele schwer zu ermittelnde Gründe geben, warum lebenslang religionskritische, kirchenferne Männer ab 60 auf die Idee kommen, einen Gottesdienst zu besuchen. Warum sich alte Männer mit großer innerer Distanz zu Gott, Bibel, Glaube und Gebet ehrenamtlich (und hoffentlich nicht ehrpusselig) in einer Gemeinde engagieren. Einer der Gründe ist ganz sicher: Weil manche von ihnen Opa wurden. Und das Bedürfnis entdecken, ihren Enkeln jene Bloch'sche „wohlige" Gewissheit zu geben, die „jedem in die Kindheit scheint, obwohl er noch nie dort war: Heimat".

177

Kapitel 15
Wozu ist der Opa gut?

„Urahne, Großmutter, Mutter und Kind/in dumpfer Stube versammelt sind" – so beginnt Gustav Schwabs berühmtes Gedicht „Das Gewitter" aus dem Jahre 1828. Schaurig-schön. Generationen von Gymnasiasten mussten es aufsagen. Moment, wer fehlt da in der Stube? Der Großvater.

Vor knapp 200 Jahren war das zutreffend. Großvater wurde man(n) zwar bereits ab Mitte vierzig, aber im familiären Leben der „dumpfen Stube" kam der zwölf Stunden an sechs Tagen schuftende Bauer oder Handwerker wenig vor. Im Erleben seiner Enkel gar nicht. Oder erst dann, wenn er krank zu Hause lag. Bis die Enkel ihre Eindrücke von ihm aufschreiben konnten, war er meist tot.

Das hat sich geändert. Opa wird zwar später Opa, ist aber viel länger gesund und munter. Deshalb kommt er vor im Leben seiner Enkel. Und wie! Opa wird respektiert, wird geschätzt, oft sogar innig geliebt. Der moderne Opa des 21. Jahrhunderts muss nicht erst vom kauzig-schnauzenden Griesgram zum liebevollen Übervater gewandelt werden wie der Alm-Öhi in Johanna Spyris Roman „Heidi". Auch nicht erst vom geizig-hartherzigen Mr. Scrooge zum mildtätigen

Menschenfreund, so wie „der kleine Lord" das bei seinem Großvater schafft in Frances Burnetts schönem Weihnachtsmärchen. Warum und unter welchen Bedingungen strahlt der Stern der Wertschätzung eines alten Manns plötzlich wieder heller, sobald Kindeskinder geboren werden?

Die genetisch „eigenen" Enkel sind seltener geworden. Deutschlands Kinderlosigkeit mit 1,54 Kindern pro Frau im gebärfähigen Alter – Stand 2020 – ist unter europäischen Nachbarn nicht dramatisch, aber bei manchen schon sprichwörtlich. Betrachten Sie Ihre leibliche Großelternschaft also getrost als etwas Besonderes. Über Nacht könnten Sie aber auch „soziale und rechtliche" Enkel bekommen: Wenn Ihr Sohn eine Freundin mit Kind „nach Hause bringt" oder sich Ihre Tochter einen frisch geschiedenen Vater geangelt hat, dann sind Sie Stief-Großeltern.

Das werden Sie auch, wenn Ihren Kindern das Gegenteil passiert: Von den jährlich aktenkundig knapp 150 000 Scheidungen waren z. B. 2018 rund 122 000 Kinder betroffen. Die nicht amtlich dokumentierten „Trennungen trotz Kind" kann man nicht präzise zählen, dürften aber pro Jahr kaum unter 100 000 liegen. Wie viele Großeltern von der Trennung und Scheidung ihrer erwachsenen Kinder betroffen sind, kann auch keiner exakt sagen – theoretisch wären es pro Paar immer vier – aber auffällig ist doch: Über Scheidungs*kinder* ist in der pädagogischen Literatur viel zu lesen, in Fernseh-Talks und Radiosendungen viel zu hören. Für frisch *Getrennte und Geschiedene* gibt es ganze Buchhandlungen voller Ratgeber.

Von den *betroffenen Omas und Opas* reden wenige. Wie es ist, „Eltern des Ex" zu sein oder gar „verstoßene" Großeltern zu werden, wenn die Schwiegertochter oder der Schwiegersohn den Kontakt zu den Enkeln unterbindet – davon reden zwei, drei kleine private Selbsthilfegruppen, sonst niemand.[63] Es gibt nämlich im deutschen Scheidungsrecht keinen verbrieften Anspruch der Enkel auf Kontakt zu ihren leiblichen Großeltern.

Mit „sozialen" Enkeln könnten auch jene Kurzen gemeint sein, deren gestresste Eltern dankbar sind für lebenserfahrene ältere Leute in ihrem Freundeskreis oder in eigens dafür geschaffenen Netzwerken: Knapp 210 000 Studierende mit Kind(ern) gab es 2019[64], mehrheitlich natürlich Student*innen*, und so versucht der Katholische Deutsche Frauenbund KDFB seit 2008, in Universitätsstädten Paten-Großeltern zu finden, die befristet und unentgeltlich „Uni-Kinder" betreuen. Für ein paar Stunden am Tag nur, aber bisweilen wochenlang während wichtiger Klausuren oder Examina. Auch evangelische Landeskirchen vermitteln Besuchs- und Betreuungsdienste, die Frauenhilfe, die diakonischen Familienberatungsstellen oder jene rund 300 lokalen Freiwilligen-Agenturen, die unter dem Dach der *bagfa.de* jungen Eltern Leih-Omas und -Opas besorgen.

Was vor 20 Jahren als Nothilfe für die Zeit von Krankenhaus- oder Kuraufenthalten einer Mutter gedacht war, ist für deutsche Ableger US-amerikanischer Agenturen inzwischen Big Business geworden. Wenn die Aushilfs-Oma denn acht bis zehn Euro pro Stunde und die Agentur eine Provision bekommt. Lediglich das Modell der „Au-pair-Oma", die für mehrere Monate eine kinderreiche deutsche Familie im Ausland betreut, ist noch relativ selten.

Mal abgesehen von den tausenderlei menschlich-emotionalen und organisatorisch-technischen Einzelheiten und Kleinigkeiten, die einen solchen Kontakt zustande bringen oder zu Ende bringen – mag mein Kind die fremden alten Leute? Passt deren Lebenswelt zu unserer? Stimmen Erziehungsziele und Erziehungsstile halbwegs überein? Nutzen wir einander auch nicht aus? Erleichtert die Leih-Oma meinen Alltag organisatorisch oder verkompliziert sie ihn? –, hat sich das Modell der „sozialen Großelternschaft auf Zeit" rasant vervielfältigt.

Spielen Opas dabei eine Rolle? In den Reportagen und Zeitungsartikeln über heutige Enkelbetreuung nicht. Das mag daran liegen, dass es praktischerweise erst mal die jungen Mütter sind, die mit der – leiblichen oder „sozialen" – Oma die organisatorischen Einzelheiten eines Enkelbesuchs aushandeln. Es mag daran liegen, dass sich die mediale Aufmerksamkeit lieber auf die fitten, sportiven, „flott" aussehenden Frauen ab 60 richtet als auf die Männer. Der Schlager „Meine Oma fährt im Hühnerstall Motorrad" ist ja kein unvorstellbarer Witz mehr.

Es könnte aber auch daran liegen, dass Opas einfach weniger drüber reden, was sie mit ihren Enkeln unternommen haben. Und noch weniger darüber reden, was sie dabei gefühlt haben, als sie was unternommen haben.

Dass Opa „zur Verblüffung seiner Frau mit den Enkeln auf dem Fußboden herumrutscht, Pferd, Brücke und Dampfer ist, hüpft und singt und mit den Ohren wackelt; dass es ihm völlig egal ist, was die Leute von ihm denken"[65] –, darüber gibt's nach männlicher Wahrnehmung hinterher nicht viel zu sagen. Weniger jedenfalls als über gemeinsam gebackene Kuchen und fertig genähte Faschingskostüme. Ja, gut, das filigran gezimmerte Puppenhaus, der reparierte Hamsterstall, die Inbetriebnahme der Modelleisenbahn lassen sich vorzeigen. Vom abenteuerlichen Ausflug mit verspäteten S-Bahn-Anschlüssen in den leider geschlossenen Zoo und dann zur Tretbootfahrt auf dem Baggersee – davon lässt sich erzählen.

Aber vom still und tief empfundenen Glück, als die Enkelin beim abendlichen Vorlesen in Opas Armbeuge eingeschlafen war? Seinen Kumpel und Ex-Kollegen erzählt er am Telefon, was er gemacht hat am Enkel-Wochenende. Aber was er gefühlt hat?

Der bereits zitierte umstrittene Vorwurf mancher „Männerforscher", das Vorhandensein von zartesten Empfindungen werde nur demjenigen Mann geglaubt, der in weiblicher Sprache und Intensität davon reden könne[66], mag ideologiegefärbt und übertrieben sein – auf das Verhältnis zwischen Opas und Enkeln könnte er zutreffen. Dass es zwischen Omas und Müttern häufig Streit gibt über die „richtige" Erziehung der Enkel, zwischen Opas und Vätern aber so gut wie nie[67] – das ist ja nicht notwendigerweise ein Zeichen von großväterlicher Inkompetenz in Erziehungsfragen. Es könnte auch Indiz für eine größere Gelassenheit sein.

Was also macht den „guten" Opa aus? Dass er außer seiner Bequemlichkeit – Zeitung lesen auf dem Sofa, während die

Enkel vor dem Fernseher sitzen, ist zweifellos gemütlicher, als in nasskaltem Winterwetter Schlitten zu fahren – auch seinen inneren Vorbehalt gegen das Gerührtsein überwindet, sein heimliches Schamgefühl vor Empathie und Enthusiasmus.

„Oh Täler weit, oh Höh'n!/Du schöner grüner Wald/Du meiner Lust und Weh'n/andächt'ger Aufenthalt." Ein enthusiastischer Seufzer des Romantikers Joseph von Eichendorf (1788–1857). Noch so ein ehemaliges Standardgedicht grinsender Gymnasiasten. Diejenigen älteren Nordic Walker oder Radwanderer, die es noch kennen, zitieren es mehr ironisch als andächtig. Der gereifte Mensch des 21. Jahrhunderts hat Gefühligkeit als literarische Epoche abgehakt oder ins Fußballstadion verbannt. Hinter ihren blau spiegelnden Sonnenbrillen, grellbunten Sweatshirts und metallic schwarz schimmernden Leggins ähneln heutige Naturfreunde nicht im Entferntesten mehr jenen Herren im Gehrock, die auf Gemälden eines Caspar David Friedrich die Kreidefelsen von Rügen und ein hinausfahrendes Schiff bei Sonnuntergang bewundern. Tief beeindruckt und begeistert von der Natur ist der postmoderne Mensch, wenn sein Blutdruckmesser beim Joggen Normalwerte signalisiert und der Bordcomputer des Mountainbikes neue Rekordzahlen anzeigt.

Begeisterung und Ergriffenheit – Theologen würden sagen: Faszinosum und Tremendum – im Sinne einer kindlichen Empfindsamkeit ist aber eine tiefe Sehnsucht von Männern. Verschüttet unter scheinbarer Empathielosigkeit und brummig-skeptischer Rationalität. Verheimlicht bis zum Gehtnichtmehr. Aber real vorhanden, vermute ich. Nun kann sich aber niemand auf Befehl freuen und auch per Willensanstrengung nur schwer für etwas begeistern. Ehrlicherweise jedenfalls nicht. Manchmal klagen Frauen darüber, ihr Mann „könne sich für gar nichts mehr begeistern". Gemeint ist möglicherweise auch: „*Ich* kann ihn für gar nichts mehr begeistern."

Vielleicht aber können das diejenigen am besten, die noch am wenigsten können: die Enkel. „Ich hab mich gefreut wie ein Kind", sagt der vernünftige, stets zweckmäßig handelnde Mann und diese umgangssprachliche Wendung soll die Intensität und die Spontaneität seines irrationalen Enthusiasmus sowohl erklären als auch ein wenig entschuldigen. Kleine Kinder dürfen das nämlich. Hellauf begeistert sein. In kreischenden Jubel, in wortlose Juchzer des Glücks ausbrechen, mit weit aufgerissenen Augen und angehaltenem Atem erzittern vor Faszination. Als Baby in der Wiege den wandernden Lichtfleck auf der Bettdecke bestaunen, als Kleinkind den grüngolden schimmernden Käfer bewundern, als Schulkind das Rauschen der Kiefern und den Geruch von Bärlauch, Pilzen und Ackerboden abenteuerlich finden.

„Die meisten Menschen legen ihre Kindheit ab wie einen Hut", schreibt Erich Kästner, „in der Schule nötigte man sie von der Unter- über die Mittel- zur Oberstufe. Wenn sie oben sind, sägt man die Stufen ab und nun können sie nicht mehr zurück. Sie sind Erwachsene, aber was sind sie nun? Nur wer erwachsen wird und Kind bleibt, ist ein Mensch."

Kleine Kinder träumen vom Mann im Mond. Schulkinder wissen, welche Männer wann tatsächlich auf dem Mond waren. Erwachsene realisieren, dass der Mond nur durch die Brechung des widergespiegelten Sonnenlichts in der Atmosphäre so honiggelb aussieht und in Wirklichkeit dunkel, kalt und leer ist. Matthias Claudius (1740–1815), der scharfzüngige Journalist, Fürstenkritiker und Kind gebliebene Opa, ließ sich vom Anblick des Mondes begeistern und schrieb in sein „Abendlied" die kluge Zeile „so sind gar manche Sachen, die wir getrost belachen, weil unsere Augen sie nicht sehn".

Gustav Schwab, Joseph von Eichendorff, Caspar David Friedrich, Matthias Claudius? Der moderne Großvater im 21. Jahrhundert könnte doch, statt mit seiner Gattin um praktisch-organisatorische und mit seiner Tochter um pädagogische Kompetenzen zu wetteifern, einfach der letzte Romantiker der Familie sein, oder? Als liebenswert chaotischer Rebell gegen alles sorgenvoll Vernünftige. Seine leiblichen und/oder sozialen Enkel werden ihn dafür lieben, glaube ich.

Anmerkungen

1 Peter Kümmel in: DIE ZEIT v. 25.8.2011, S. 41.

2 Sven Kuntze: Altern wie ein Gentleman, C.H. Bertelsmann 2011, S. 217.

3 Volkmar Sigusch: Auf der Suche nach der sexuellen Freiheit, Campus Verlag Frankfurt 2011, S. 118.

4 Tamara Domentat: Lass Dich verwöhnen. Prostitution in Deutschland. Aufbau Verlag Berlin 2003.

5 Lea Ackermann: Verkauft, Versklavt, zum Sex gezwungen, Kösel Verlag München 2005, S. 70 und: Deutschlandfunk Kultur, „Studio 9" vom 2.6.2020.

6 Sven Kuntze: Altern wie ein Gentleman, C. Bertelsmann Verlag München 2011, S. 248.

7 Zitiert nach S. Gaschke in: „Entspann Dich, Alter", DIE ZEIT Nr. 15/2011, S. 17.

8 Hannelore Schlaffer: Das Alter. Ein Traum von Jugend, Suhrkamp Verlag Frankfurt a.M. 2003, S. 67 ff.

9 Horst Opaschowski: Leben zwischen Muß und Muße, Germa-Press 1998, S. 16.

10 Sven Kuntze: Altern wie ein Gentleman, C. Bertelsmann Verlag München 2011, S. 12.

11 Eva R. Schmidt/Hans G. Berg: Beraten mit Kontakt, GABAL 2004, S, 427 ff.

12 Jean-Claude Kaufmann: Schmutzige Wäsche, zit. n. Katharina Rutschky: Emma und ihre Schwestern, Carl Hanser Verlag München 1997, S. 97 ff.

13 Thomas Rottenberg: Das Männerverstehbuch, Residenz Verlag Salzburg 2005, S. 76.

14 Phillipperbrief Kap 2, Vers 3, aus: Lutherbibel, revidiert 2017, © 2016 Deutsche Bibelgesellschaft Stuttgart.

15 Bettina von Kleist: Wenn der Wecker nicht mehr klingelt, dtv Verlag München 2006, S. 204.

16 Forschungsgemeinschaft „Urlaub & Reise e.V." am 15.8.2016.

17 Zit. n. Frederike Schröter in: DIE ZEIT Nr. 15 vom 7. April 2011, S. 19.

18 Zit. n. Dorit Kowitz: Generation Armut, in: DIE ZEIT v. 19.5.2011, S. 33.

19 Ursula von der Leyen: Besonders Frauen werden profitieren, in: DIE ZEIT v. 8.9.2011, S. 26.

20 Ursula Ott: Total besteuert, dtv Verlag München 2010, S. 55.

21 Ebda S. 66.

22 Zit. n. Elisabeth Niejahr in: DIE ZEIT Nr. 22 vom 26.5.2011, S. 4.

23 Zit. n. Bettina von Kleist: Wenn der Wecker nicht mehr klingelt, dtv Verlag München 2006, S. 59.

24 Harald Martenstein: Ansichten eines Hausschweins, C. Bertelsmann Verlag, S. 13 f.

25 Zit. n. Martin Hecht: Deutsche Unsitten, Piper Verlag München 2007, S. 45.

26 Dieter Nuhr: Satiregipfel, ARD, 12.9.2011.

27 Zit. n. H. Meesmann: Die verlorene Identität, Publik Forum 21/2010, S. 18 f.

28 Zit. n. H. Meesmann a.a.O.

29 Zit. n. H. Meesmann a.a.O.

30 Zit. n. B. von Kleist: Wenn der Wecker nicht mehr klingelt, dtv Verlag München 2006, S. 20.

31 Ebda, a.a.O.

32 Name geändert

33 Martin Kohli und Harald Künemund: Die zweite Lebenshälfte, Springer VS Wiesbaden 2005, S. 205 ff.

34 Horst Opaschowski: Leben zwischen Muß und Muße, Germa-Press 1998, S. 61–71.

35 Marie-Charlotte Maas in: DIE ZEIT Sonderbeilage „Abitur", Nr. 44/2019, S. 14/15.

36 Statistisches Bundesamt, Destatis 2017.

37 Meredith Haaf: Heult doch! Eine Generation und ihre Luxusprobleme, Piper Verlag München 2011, S. 29.

38 Meredith Haaf a.a.O. S. 126.

39 Meredith Haaf a.a.O. S. 114.

40 Prof. Martin Schröder in: DIE ZEIT v. 27.12.2019, S. 31.

41 Klaus Hurrelmann (Hrsg): 18. Shell Jugendstudie, S. Fischer Verlag Frankfurt a.M. 2019.

42 Klaus Hurrelmann: Lebensphase Jugend, Beltz Weinheim 2016.

43 Zit. n. Zeitzeichen 11/2019, S. 24.

44 Rüdiger Maas: Was ist mit der Jugend los? Augsburger Allgemeine, 11.2.2019.

45 Joschka Fischer: Mein langer Lauf zu mir selbst, KiWi Verlag Köln 2018.

46 Roman Maria Koidl: Scheißkerle, Hoffmann & Campe Hamburg 2010, S. 168/169.

47 Starr/Weiner: Liebe im Alter, Fischer Scherz Verlag Frankfurt a.M. 1998, S. 22.

48 Ruth Westheimer/ Pierre A. Lehu: Silver Sex, Campus Verlag Frankfurt a.M. 2008; Mythen der Liebe, Rolf Heyne Verlag München 2010 The Doctor is In/Lebe mit Lust und Liebe, Herder Verlag Freiburg 2015.

49 Zit. n. Michael Klonovsky: Der Held. Ein Nachruf, Diederichs Verlag München 2011, S. 43.

50 Björn Schwentker/James Vaupel: Die politische Dimension des demografischen Wandels, zit. n. Zeitzeichen Nr. 3/2011, S. 20 ff.

51 Tilman Moser: Gott auf der Couch, Gütersloher Verlagshaus 2011, S. 132.

52 a.a.O. S. 91/92.

53 Tilman Moser a.a.O. S. 66/67 und S. 127/128.

54 Matthias Drobinski/Claudia Keller: Glaubensrepublik Deutschland, Herder Verlag Freiburg 2011, S. 13.

55 Herbert Schnädelbach: Religion in der modernen Welt, S. Fischer Verlag Frankfurt a.M. 2009, S. 79/80.

56 Ernst Bloch: Das Prinzip Hoffnung, zit. n. K.-P. Hertzsch: Chancen des Alters, Radius Verlag Stuttgart 2008, S. 110/112.

57 Tilman Moser a.a.O. S. 57 und S. 88.

58 Zit. n. DIE ZEIT v. 23.12.2010

59 a.a.O.

60 Sven Kuntze: Altern wie ein Gentleman, C. Bertelsmann Verlag München 2011, S. 122/123.

61 a.a.O. S. 129.

62 Ulrich Linse: Geisterseher und Wunderwirker. Heilsuche im Industriezeitalter, Frankfurt a. M. 1996, S. 216.

63 Bundesinitiative Großeltern von Trennung und Scheidung betroffener Kinder, BIGE: www.grosseltern-initiative.de.

64 Sozialerhebung des Deutschen Studentenwerks e. V. 2020: 7 % von 2.8 Mio.

65 Helga Gürtler: Das Glück einer besonderen Beziehung, Herder Verlag Freiburg 2007.

66 Stephan Bartels/Till Raether: Männergefühle, S. Fischer/Krüger Verlag 2011, a.a.O.

67 Roman Leuthner: Hilfe, wir werden Großeltern, Piper Verlag München 2010.

Der Verlag weist ausdrücklich darauf hin, dass im Text enthaltene externe Links vom Verlag nur bis zum Zeitpunkt der Buchveröffentlichung eingesehen werden konnten. Auf spätere Änderungen hat der Verlag keinerlei Einfluss. Eine Haftung des Verlages ist daher ausgeschlossen.

Der Verlag hat sich bemüht, alle Rechteinhaber ausfindig zu machen; dies ist leider nicht in allen Fällen gelungen. Sollte dem Verlag gegenüber der Nachweis einer Rechtsinhaberschaft geführt werden, wird diese selbstverständlich in branchenüblicher Weise abgegolten.

© 2021 adeo Verlag
in der SCM Verlagsgruppe GmbH
Dillerberg 1, 35614 Asslar

Best.-Nr: 835313
ISBN 978-3-86334-313-2
Lektorat: Sarah Koller

Umschlaggestaltung: Andreas Sonnhüter,
unter Verwendung von Shutterstock
Satz: Greiner & Reichel, Köln
Druck und Verarbeitung: GGP Media GmbH, Pößneck
Printed in Germany

www.adeo-verlag.de